AF276311

Disfrute gratuitamente **DURANTE UN AÑO** de los eBook y audiolibros de las obras de Editorial Colex*

⊛ Acceda a la página web de la editorial **www.colex.es**

⊛ Identifíquese con su usuario y contraseña. En caso de no disponer de una cuenta regístrese.

⊛ Acceda en el menú de usuario a la pestaña «Mis códigos» e introduzca el que aparece a continuación:

RASCAR PARA VISUALIZAR EL CÓDIGO

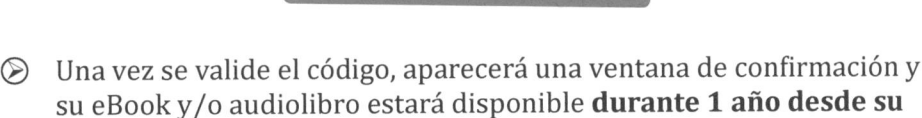

⊛ Una vez se valide el código, aparecerá una ventana de confirmación y su eBook y/o audiolibro estará disponible **durante 1 año desde su activación** en la pestaña «Mis libros» en el menú de usuario.

---

* Los audiolibros están disponibles en las ediciones más recientes de nuestras obras. Se excluyen expresamente las colecciones «Códigos comentados», «Biblioteca digital» y los productos de www.vademecumlegal.es.

No se admitirá la devolución si el código promocional ha sido manipulado y/o utilizado.

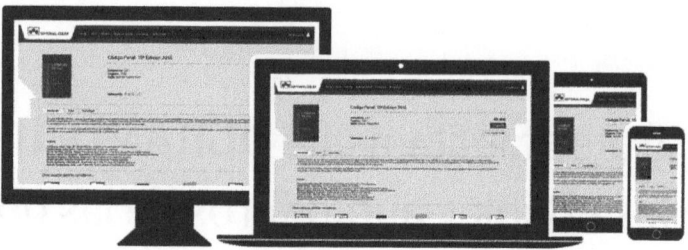

¡Gracias por confiar en nosotros!

La obra que acaba de adquirir incluye de forma gratuita la versión electrónica. Acceda a nuestra página web para aprovechar todas las funcionalidades de las que dispone en nuestro lector.

Funcionalidades eBook

Acceso desde cualquier dispositivo con conexión a internet

Idéntica visualización a la edición de papel

Navegación intuitiva

Tamaño del texto adaptable

Síguenos en: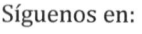

DESCUELGUE SALARIAL

Conozca cómo realizar un descuelgue e inaplicación
de las condiciones salariales del convenio colectivo

DESCUELGUE SALARIAL

Conozca cómo realizar un descuelgue e inaplicación
de las condiciones salariales del convenio colectivo

EDICIÓN 2025

**Obra realizada por el Departamento de
Documentación de Iberley**

COLEX 2025

© Editorial Colex, S.L.
Calle Costa Rica, número 5, 3º B (local comercial)
A Coruña, C.P. 15004
info@colex.es
www.colex.es

I.S.B.N.: 979-13-7011-165-6
Depósito legal: C 846-2025

SUMARIO

ANEXOS.
FORMULARIOS

0.
INTRODUCCIÓN

El descuelgue salarial es una figura jurídica que permite a las empresas, en situaciones de crisis económica, inaplicar las condiciones salariales establecidas en los convenios colectivos. Este mecanismo, regulado en el artículo 82.3 del Estatuto de los Trabajadores, se ha convertido en una herramienta esencial para la supervivencia de muchas empresas, permitiéndoles ajustar sus costes laborales sin recurrir a medidas más drásticas como despidos o cierres.

La reforma laboral de 2012, y sus posteriores modificaciones, han configurado el descuelgue salarial como una opción viable para las empresas que enfrentan dificultades económicas, técnicas, organizativas o de producción. Este proceso debe ser acordado entre la empresa y los representantes de los trabajadores, y en caso de desacuerdo, puede ser resuelto mediante arbitraje.

El objetivo de este libro es proporcionar una visión detallada y comprensiva del descuelgue salarial, abordando tanto su marco legal como su aplicación práctica. A través de un análisis exhaustivo de la normativa vigente y la jurisprudencia relevante, se pretende ofrecer una guía útil para empresarios, trabajadores y profesionales del derecho laboral.

En los capítulos que siguen, se explorarán los fundamentos legales del descuelgue salarial, los procedimientos para su implementación, y las implicaciones tanto para las empresas como para los trabajadores. Además, se desarrollará la jurisprudencia más relevante para ilustrar cómo se ha aplicado esta figura en diferentes contextos.

Este libro no solo pretende ser una herramienta de consulta, sino también un recurso educativo que permita comprender mejor las dinámicas de la negociación colectiva y las estrategias de gestión laboral en tiempos de crisis.

Definición de conceptos clave

Los tres pilares básicos sobre los que descansa la relación laboral, esto es, el salario, la jornada y las funciones, son susceptibles de ser alteradas mediante la inaplicación por la empresa de las condiciones pactadas en un convenio colectivo. Para ello nos referiremos reiteradamente a tres términos a lo largo de la obra.

El «descuelgue» se refiere a la inaplicación temporal de las condiciones establecidas en un convenio colectivo por parte de una empresa, permitiendo modificar aspectos como jornada, horarios, y salarios. Mientras que el término «**modificación**» se refiere a una alteración de las condiciones de trabajo en principio duradera en el tiempo la inaplicación se refiere a una suspensión temporal de dichas condiciones en tanto o durante el convenio colectivo esté vigente, incluyendo su periodo de ultraactividad.

Por último, el término «**inaplicación**» de las condiciones de trabajo, muy utilizado doctrinal y jurisprudencialmente, desde un punto de vista técnico jurídico, parece más certero que el de «modificación» o «descuelgue» y al que nos referiremos al tratar las materias de posible inaplicación, que no vienen referidas solamente a las de régimen salarial, sino que incluyen, con un criterio imbuido de pragmatismo, otras que en lo esencial son coincidentes con las listadas en el artículo 41 del ET: jornada de trabajo, horario y distribución del tiempo de trabajo, régimen de trabajo a turnos, sistema de remuneración y cuantía salarial, sistema de trabajo y rendimiento, funciones y mejoras voluntarias de la acción protectora de la Seguridad Social. (STSJ de Madrid, rec. 59/2012, de 14 de diciembre de 2012, ECLI:ES:TSJM:2012:16788).

Características del descuelgue

La medida de flexibilidad interna objeto de análisis se caracteriza por:

- **Temporalidad:** la inaplicación tiene carácter temporal y no puede superar la vigencia del convenio que resulta aplicable.

- **Proporcionalidad y razonabilidad:** las modificaciones deben ser justificadas, desproporcionadas o injustificadas pueden ser impugnadas.

- **Protección de derechos:** las condiciones que no pueden ser inaplicadas incluyen discriminaciones por razón de género y derechos fundamentales de los trabajadores.

- **Causas:** se podrá proceder a la inaplicación cuando concurran causas económicas, técnicas, organizativas o de producción y teniendo presentes los términos regulados en el convenio colectivo de aplicación:

    » Se entiende que concurren causas económicas cuando la empresa alternativamente tenga o una disminución persistente de su nivel de ingresos o su situación y perspectivas económicas puedan verse afectadas negativamente afectando a las posibilidades de mantenimiento del empleo; estas causas se entenderán que concurren, cuando de los resultados de la empresa se desprenda una situación económica negativa, en casos tales como la existencia de pérdidas actuales o previstas, o la disminución persistente de su nivel de ingresos ordinarios o ventas. En todo caso, se entenderá que la disminución es persistente si durante dos trimestres consecutivos el nivel de ingresos ordinarios o ventas de cada trimestre es inferior al registrado en el mismo trimestre del año anterior, considerándose por tanto que existe una causa objetiva para la inaplicación.

» Se entiende que concurren causas técnicas cuando se produzcan cambios, entre otros, en el ámbito de los medios o instrumentos de producción; causas organizativas cuando se produzcan cambios, entre otros, en el ámbito de los sistemas de trabajo del personal o en el modo de organizar la producción, y causas productivas cuando se produzcan cambios, entre otros, en la demanda de los productos o servicios que la empresa pretende colocar en el mercado.

• **Comunicación:** la decisión de inaplicación debe ser notificada a los trabajadores y sus efectos se dejan de aplicar mientras se tramita el procedimiento.

Diferencias entre la MSCT y el descuelgue

Otro aspecto crítico que el lector debe tener presente es la diferencia del procedimiento del artículo 41 del ET y el vertebrado por el artículo 82.3 del ET objeto de esta obra. El acuerdo de descuelgue, no sólo establecerá las condiciones del convenio a inaplicar, sino que también regulará «con exactitud» las nuevas condiciones de trabajo a aplicar en la empresa. Así pues deviene consustancial que a la inaplicación le siga una concreción precisa y exacta de las nuevas condiciones de trabajo aplicables en la empresa y su duración.

Materias afectadas

Mediante el procedimiento que analizaremos, la empresa podrá inaplicar las condiciones de trabajo previstas en el convenio colectivo, sea este de sector o de empresa, que afecten a las siguientes materias:

a) Jornada de trabajo.

b) Horario y distribución del tiempo de trabajo.

c) Régimen de trabajo a turnos.

d) Sistema de trabajo y rendimiento.

e) Sistema de remuneración y cuantía salarial.

f) Funciones, cuando excedan de los límites que para la movilidad funcional prevé el artículo 39 del E.T.

g) Mejoras voluntarias de la acción protectora de la Seguridad Social.

Claves del procedimiento para el descuelgue

Ya a modo introductorio conviene dar una premisas básicas sobre el procedimiento para la inaplicación de las condiciones salariales de las personas trabajadores. Como analizaremos, el artículo 82 del Estatuto de los Trabajadores fija unas condiciones básicas para la aplicación de una medida extraordinaria y temporal para que, previo periodo de consultas, la empresa reduzca o limite alguno de los derechos recogidos en el convenio colectivo de aplicación.

A modo de esquema que podrá orientar al lector:

1. **Las empresas en las que concurran algunas de las causas de inaplicación previstas comunicarán a los representantes de los trabajadores su deseo de iniciar un procedimiento de descuelgue sobre alguna de las materias del convenio establecidas.**

   En los supuestos de ausencia de representantes de los trabajadores en la empresa, estos podrán optar por atribuir su representación para la negociación del acuerdo, a su elección, a una comisión designada conforme a lo dispuesto en el artículo 41.4 del ET, en el orden y condiciones señalados en el mismo.

En ambos casos se comunicará el inicio del procedimiento a la comisión paritaria del convenio.

2. **El procedimiento se iniciará a partir de la comunicación de la empresa, abriéndose un período de consultas con la representación de los trabajadores o comisión designada o las secciones sindicales cuando éstas así lo acuerden, siempre que sumen la mayoría de los miembros del Comité de Empresa o entre los delegados de personal.**

   Dicho período, que tendrá una duración no superior a 15 días, versará sobre las causas motivadoras de la decisión empresarial, debiendo facilitar la empresa junto con la comunicación citada en el párrafo anterior, la documentación que avale y justifique su solicitud; entre otra posible y a meros efectos enunciativos se señala la siguiente: Memoria explicativa, Cuentas auditadas y/o presentadas en el Registro Mercantil, Balance de situación y cuenta de resultados y Avance de cuentas anuales previstas, o en defecto de la anterior la documentación de carácter similar que se adecue a las concretas circunstancias de la empresa.

   La empresa deberá acreditar que las causas alegadas son justificadas, proporcionales y contribuyen a mejorar la situación de la empresa y el mantenimiento del empleo.

3. **En todo caso, las partes, en cualquier momento, podrán acordar la sustitución del período de consultas por el sometimiento expreso a un procedimiento de mediación o arbitraje.**

4. **Cuando el período de consultas finalice con acuerdo, se presumirá que concurre alguna de las posibles causas antes reseñadas, y sólo podrá ser impugnado ante la jurisdicción competente por la existencia de fraude, dolo, coacción o abuso de derecho en su conclusión.**

   El acuerdo deberá ser notificado a la comisión paritaria del convenio.

   El acuerdo de inaplicación deberá determinar con exactitud, las nuevas condiciones de trabajo aplicables en la empresa y su duración, que no podrá prolongarse más allá del momento en que resulte aplicable un nuevo convenio en dicha empresa.

   El acuerdo de inaplicación no podrá suponer el incumplimiento de las obligaciones establecidas en convenio relativas a la eliminación de las discriminaciones por razones de género o de las que estuvieran previstas, en su caso, en el plan de igualdad aplicable en la empresa.

5. **En caso de no alcanzar un acuerdo durante el periodo de consultas y fracasar los medios de solución autónoma, el conflicto se resolverá mediante arbitraje o decisión vinculante de la Comisión Consultiva Nacional de Convenios Colectivos.**

6. **El resultado de los procedimientos a que se refieren los párrafos anteriores que hayan finalizado con la inaplicación de condiciones de trabajo deberá ser comunicado a la autoridad laboral y a la comisión paritaria a los solos efectos de depósito.**

1.
MARCO LEGAL PARA LA POSIBILIDAD DE DESCUELGUE DE LAS CONDICIONES DEL CONVENIO

El artículo 82.3 del ET regula el descuelgue salarial, permitiendo la inaplicación de convenios en casos económicos, técnicos o productivos.

1.1. Descuelgue en base al art. 82.3 del ET

La reforma laboral de 2012 configuró el descuelgue salarial —junto con otras vías de inaplicación del convenio colectivo— como una herramienta para dotar de dinamismo a la negociación colectiva. De esta forma, el artículo 82 de Real Decreto Legislativo 2/2015, de 23 de octubre, por el que se aprueba el texto refundido de la Ley del Estatuto de los Trabajadores, bajo el epígrafe *«Concepto y Eficacia»*, en su apartado 3, dispone:

> «3. Los convenios colectivos regulados por esta ley obligan a todos los empresarios y trabajadores incluidos dentro de su ámbito de aplicación y durante todo el tiempo de su vigencia.
>
> Sin perjuicio de lo anterior, cuando concurran causas económicas, técnicas, organizativas o de producción, por acuerdo entre la empresa y los representantes de los trabajadores legitimados para negociar un convenio colectivo conforme a lo previsto en el artículo 87.1, se podrá proceder, previo desarrollo de un periodo de consultas en los términos del artículo 41.4, a inaplicar en la empresa las condiciones de trabajo previstas en el convenio colectivo aplicable, sea este de sector o de empresa, que afecten a las siguientes materias:
>
> a) Jornada de trabajo.
> b) Horario y distribución del tiempo de trabajo.
> c) Régimen de trabajo a turnos.
> d) Sistema de remuneración y cuantía salarial.
> e) Sistema de trabajo y rendimiento.

f) Funciones, cuando excedan de los límites que para la movilidad funcional prevé el artículo 39.

g) Mejoras voluntarias de la acción protectora de la Seguridad Social.

Se entiende que concurren causas económicas cuando de los resultados de la empresa se desprenda una situación económica negativa, en casos tales como la existencia de pérdidas actuales o previstas, o la disminución persistente de su nivel de ingresos ordinarios o ventas. En todo caso, se entenderá que la disminución es persistente si durante dos trimestres consecutivos el nivel de ingresos ordinarios o ventas de cada trimestre es inferior al registrado en el mismo trimestre del año anterior.

Se entiende que concurren causas técnicas cuando se produzcan cambios, entre otros, en el ámbito de los medios o instrumentos de producción; causas organizativas cuando se produzcan cambios, entre otros, en el ámbito de los sistemas y métodos de trabajo del personal o en el modo de organizar la producción, y causas productivas cuando se produzcan cambios, entre otros, en la demanda de los productos o servicios que la empresa pretende colocar en el mercado.

La intervención como interlocutores ante la dirección de la empresa en el procedimiento de consultas corresponderá a los sujetos indicados en el artículo 41.4, en el orden y condiciones señalados en el mismo.

Cuando el periodo de consultas finalice con acuerdo se presumirá que concurren las causas justificativas a que alude el párrafo segundo, y solo podrá ser impugnado ante la jurisdicción social por la existencia de fraude, dolo, coacción o abuso de derecho en su conclusión. El acuerdo deberá determinar con exactitud las nuevas condiciones de trabajo aplicables en la empresa y su duración, que no podrá prolongarse más allá del momento en que resulte aplicable un nuevo convenio en dicha empresa. El acuerdo de inaplicación no podrá dar lugar al incumplimiento de las obligaciones establecidas en convenio relativas a la eliminación de las discriminaciones por razones de género o de las que estuvieran previstas, en su caso, en el plan de igualdad aplicable en la empresa. Asimismo, el acuerdo deberá ser notificado a la comisión paritaria del convenio colectivo.

En caso de desacuerdo durante el periodo de consultas cualquiera de las partes podrá someter la discrepancia a la comisión del convenio, que dispondrá de un plazo máximo de siete días para pronunciarse, a contar desde que la discrepancia le fuera planteada. Cuando no se hubiera solicitado la intervención de la comisión o esta no hubiera alcanzado un acuerdo, las partes deberán recurrir a los procedimientos que se hayan establecido en los acuerdos interprofesionales de ámbito estatal o autonómico, previstos en el artículo 83, para solventar de manera efectiva las discrepancias surgidas en la negociación de los acuerdos a que se refiere este apartado, incluido el compromiso previo de someter las discrepancias a un arbitraje vinculante, en cuyo caso el laudo arbitral tendrá la misma eficacia que los acuerdos en periodo de consultas y solo será recurrible conforme al procedimiento y en base a los motivos establecidos en el artículo 91.

Cuando el periodo de consultas finalice sin acuerdo y no fueran aplicables los procedimientos a los que se refiere el párrafo anterior o estos no hubieran solucionado la discrepancia, cualquiera de las partes podrá someter la solución de la misma a la Comisión Consultiva Nacional de

Convenios Colectivos cuando la inaplicación de las condiciones de trabajo afectase a centros de trabajo de la empresa situados en el territorio de más de una comunidad autónoma, o a los órganos correspondientes de las comunidades autónomas en los demás casos. La decisión de estos órganos, que podrá ser adoptada en su propio seno o por un árbitro designado al efecto por ellos mismos con las debidas garantías para asegurar su imparcialidad, habrá de dictarse en plazo no superior a veinticinco días a contar desde la fecha del sometimiento del conflicto ante dichos órganos. Tal decisión tendrá la eficacia de los acuerdos alcanzados en periodo de consultas y solo será recurrible conforme al procedimiento y en base a los motivos establecidos en el artículo 91.

El resultado de los procedimientos a que se refieren los párrafos anteriores que haya finalizado con la inaplicación de condiciones de trabajo deberá ser comunicado a la autoridad laboral a los solos efectos de depósito».

Como vemos, el artículo 82 del ET, establece la eficacia vinculante de los convenios colectivos «durante todo el tiempo de su vigencia», no obstante, como excepción, regula la **posibilidad de inaplicar algunas de las condiciones previstas en el convenio siempre que concurran las causas que establece y que esa inaplicación del convenio se acuerde en el procedimiento allí regulado.**

A modo de recordatorio, merece la pena destacar igualmente:

- **Ley 35/2010, de 17 de septiembre, de medidas urgentes para la reforma del mercado de trabajo/ Real Decreto-ley 10/2010, de 16 de junio, de medidas urgentes para la reforma del mercado de trabajo.** Establecieron que, por acuerdo entre la empresa y los representantes de los trabajadores legitimados para negociar un convenio colectivo, se podría proceder, previo desarrollo de un periodo de consultas (art. 41.4 del ET) a inaplicar el régimen salarial previsto en los convenios colectivos de ámbito superior a la empresa, cuando la situación y perspectivas económicas de esta pudieran verse dañadas como consecuencia de tal aplicación, afectando a las posibilidades de mantenimiento del empleo en la misma.

- **Real Decreto-ley 7/2011, de 10 de junio, de medidas urgentes para la reforma de la negociación colectiva. Estableció una serie de modificaciones relativas a la inaplicación del régimen salarial.** De forma que, respetando la obligación de todos los empresarios y trabajadores incluidos dentro del ámbito de aplicación de los convenios colectivos y durante todo el tiempo de su vigencia, por acuerdo entre la empresa y los representantes de los trabajadores legitimados para negociar un convenio colectivo conforme a lo previsto en el art. 87.1 del ET, se podrá proceder, previo desarrollo de un periodo de consultas en los términos del art. 41.4 del ET, a inaplicar el régimen salarial previsto en los convenios colectivos de ámbito superior a la empresa, cuando esta tenga una disminución persistente de su nivel de ingresos o su situación y perspectivas económicas pudieran verse afectadas negativamente como consecuencia de tal aplicación, afectando a las posibilidades de mantenimiento del empleo en la misma.

- **Real Decreto-ley 3/2012, de 10 de febrero, de medidas urgentes para la reforma del mercado laboral. La reforma laboral de 2012** ha aportado la actual redacción del art. 82.3 del Estatuto de los Trabajadores, en la cual, como se verá a continuación, se facilita a las empresas en dificultades la no aplicación del convenio de ámbito superior, aunque no especifica en qué circunstancias económicas podrán acogerse a esta cláusula. En caso de que no exista acuerdo para ese descuelgue, las partes irán a la solución extrajudicial de conflictos y, en su caso, al arbitraje; de no ser así, se recurrirá a la Comisión Consultiva de Convenios Colectivos Nacional o a sus equivalentes autonómicos, que nombrará un árbitro que resolverá en un máximo de 25 días.

- **Real Decreto-ley 11/2013, de 2 de agosto.** La intervención como interlocutores ante la dirección de la empresa en el procedimiento de consultas corresponderá a los sujetos indicados en el apdo. 4 del art. 41 del ET, en el orden y condiciones señalados para el despido colectivo o las modificaciones sustanciales de las condiciones de trabajo de carácter colectivo.

- **Resolución de 10 de febrero de 2012, de la Dirección General de Empleo, por la que se registra y publica el V Acuerdo sobre solución autónoma de conflictos laborales (ASEC V).** Se realizan referencias de interés a las comisiones paritarias de los convenios colectivos y respecto a la mediación o arbitraje en los descuelgues de los convenios colectivos.

CUESTIÓN

¿Qué diferencias y semejanzas existen entre la modificación sustancial de las condiciones de trabajo (MSCT) y el descuelgue?

Las causas para una y otra son similares, pues en ambos casos se pretende buscar una solución a un problema por el que atraviesa la empresa que se traduce en dificultades económicas o, sencillamente, en su falta de competitividad, productividad o en necesidades de organización técnica o del trabajo en la empresa. (STS n.º 616/2016, de 6 de julio de 2016, ECLI:ES:TS:2016:3906).

La lista de materias susceptibles de modificación sustancial es abierta, siendo ejemplificativa la contenida en el art. 41.1 del ET, el elenco de materias respecto de las que cabe la inaplicación es cerrado. Las dos tablas son casi coincidentes, si bien el art. 82.3 del ET menciona las mejoras voluntarias de la Seguridad Social, cuya referencia se omite en el art. 41 del ET.

Solo los cambios en las condiciones de trabajo que tengan carácter sustancial quedan sometidos al procedimiento previsto en el art. 41 del ET. Sin embargo, todas las alteraciones de las condiciones de trabajo previstas por el convenio sean sustanciales o no, deben quedar sometidas al descuelgue.

El empresario habrá de acudir al procedimiento previsto en el art. 41 del ET, cuando pretenda modificar condiciones de trabajo reconocidas a los trabajadores en el contrato de trabajo, en acuerdos o pactos colectivos o disfrutadas por estos en virtud de una decisión unilateral del empresario de efectos colectivos. Por el contrario, la modificación de las condiciones de trabajo establecidas en los convenios colectivos deberá realizarse conforme a lo establecido en el artículo 82.3 del ET. (Art. 41.6 del ET).

La decisión de modificación de condiciones de trabajo, sea de carácter individual o colectivo, compete al empresario, quien puede imponerla aunque no haya acuerdo con la representación legal de los trabajadores. Sin embargo, la inaplicación de condiciones de trabajo no puede llevarse a efecto de forma unilateral por el empresario: es necesario el pacto o el laudo sustitutivo.

Mientras que la duración del descuelgue no puede ir más allá del tiempo de aplicación del convenio, la vigencia de una MSCT no aparece legalmente limitada en su duración temporal.

Hay también diferencias respecto de la impugnación (plazos, modalidad procesal, etc.) y de las consecuencias. En determinados casos de MSCT el trabajador que resultase perjudicado puede rescindir su contrato percibiendo una indemnización de 20 días de salario por año de servicio prorrateándose por meses los períodos inferiores a un año y con un máximo de nueve meses. (STS, rec. 24/2014, de 17 diciembre 2014, ECLI:ES:TS:2014:5792, y STS, rec. 315/2013, 23 junio 2015, ECLI:ES:TS:2015:3294).

1.2. Descuelgue regulado por cláusula convencional

Múltiples convenios colectivos establecen condiciones específicas para la no aplicación del régimen salarial o fijan las denominadas «cláusulas de descuelgue salarial».

Con carácter general se establece que las empresas donde se acrediten unos resultados negativos durante cierto tiempo puedan no aplicar las condiciones salariales que se establecen en convenio. Para ello remitirán la documentación que se estima (Balance y Cuenta de Resultados de dicho año, a modo de ejemplo) a la comisión paritaria, la cual examinará los datos aportados, requiriendo en su caso, la mayor información que precise, dictando seguidamente y en un plazo máximo establecido resolución por la cual se considere o no descolgada de las condiciones salariales a la empresa solicitante.

Los efectos de tal descuelgue se limitarán exclusivamente al período excluido, debiendo la empresa afectada actualizar los salarios de los trabajadores en la forma y porcentaje que para dicho momento esté prevista en el convenio una vez transcurrido dicho período.

1.2.1. Contenido mínimo de los convenios

Sobradamente conocido es que todas las garantías reconocidas en el Estatuto de los Trabajadores son de contenido mínimo y, por lo tanto, susceptibles de ser mejoradas por convenio colectivo. No obstante, por mandato del apdo. 3 c) del art. 85 del ET, los convenios colectivos habrán de expresar como contenido mínimo (entre otros aspectos):

«Procedimientos para solventar de manera efectiva las discrepancias que puedan surgir para la no aplicación de las condiciones de trabajo a que se refiere el artículo 82.3, adaptando, en su caso, los procedimientos que se establezcan a este respecto en los acuerdos interprofesionales de ámbito estatal o autonómico conforme a lo dispuesto en tal artículo».

Las cláusulas de descuelgue salarial se definen como las condiciones establecidas en la negociación colectiva para que una empresa pueda dejar de aplicar las condiciones salariales previstas en situaciones de crisis que pudieran comprometer la viabilidad de la empresa (en la práctica suelen limitarse los incrementos salariales). El apdo. 3 c) del art. 85 del ET establece la obligatoriedad de su existencia en los convenios colectivos de ámbito superior al de empresa.

1.2.2. Cláusulas de descuelgue salarial de los convenios colectivos

La inaplicación o «descuelgue» de las condiciones del convenio puede sustentarse en **dos situaciones posibles:**

- **Descuelgue en base al art. 82.3 del ET ante causas económicas, técnicas, organizativas o de producción**: la modificación de las condiciones de trabajo establecidas en los convenios colectivos regulados en el título III deberá realizarse conforme a lo establecido en el art. 82.3 del ET.

- **Descuelgue regulado por cláusula convencional**: mediante cláusula fijada por convenio colectivo y sujeto a los extremos en ella contenidos. En estos caso, la inaplicación en la empresa de las condiciones de trabajo reguladas en el convenio colectivo podrá producirse respecto de las materias y conforme a las causas contempladas en el artículo 82.3 del Estatuto de los Trabajadores, siguiendo los procedimientos regulados en el mismo con las adaptaciones que se establecen en el texto colectivo.

La cláusula de descuelgue respecto de los convenios colectivos de ámbito superior es un mecanismo que permite, cuando concurran causas económicas, técnicas, organizativas o de producción, acordar la no aplicación en la empresa de las condiciones de trabajo previstas en el convenio colectivo de ámbito superior. Estas cláusulas, sólo son obligatorias en los convenios colectivos de ámbito superior al de empresa. (STSJ de Cataluña n.º 8944/2005, de 18 de noviembre de 2005, ECLI:ES:TSJCAT:2005:11552).

Siguiendo todo lo establecido para la inaplicación de las condiciones de trabajo previstas en convenio ante causas económicas, técnicas, organizativas o productivas (apdo. 1 del art. 41 del ET), los convenios colectivos pueden regular las materias y condiciones en las que realizar esa inaplicación de condiciones. Es decir, **dentro del contenido mínimo que deben incluir los convenios colectivos se encuentran las condiciones que deben darse para que la empresa pueda unilateralmente dejar de aplicar las condiciones salariales previstas en situaciones de crisis.**

RESOLUCIÓN RELEVANTE

STSJ de Madrid n.º 543/2013, de 21 de junio de 2013, ES:TSJM:2013:8058

La cláusula de descuelgue salarial no puede impedir el abono de las dietas fijadas en el convenio colectivo, siendo este concepto independiente y reconocible por el empleador, tal como se detalla en las valoraciones de la sentencia..

JURISPRUDENCIA

STS, rec. 43/2012, de 15 de abril de 2013, ECLI:ES:TS:2013:2131

«Conforme a la normativa aplicable cuando se pactó el Convenio [más aún cuando se interpuso la presente demanda colectiva: tras la reforma de 2010, el art. 82.3 ET ya no contempla una posibilidad subsidiaria, que antes sólo operaba cuando el convenio supraempresarial no regulaba 'condiciones y procedimientos' de descuelgue, sino que faculta al convenio empresarial para hacerlo], como acertadamente concluye la sentencia impugnada, 'el ET admite que haya convenios estatutarios supraempresariales que no regulen esta materia, sin que esa omisión conlleve su nulidad, estableciendo una regulación legal subsidiaria, caracterizada por la exigencia de que haya acuerdo con los representantes de los trabajadores».

Inexistencia de cláusula de descuelgue de las condiciones del convenio

Conforme a la normativa aplicable, el ET admite que haya convenios estatutarios supraempresariales que no regulen esta materia, sin que esa omisión conlleve su nulidad, estableciendo una regulación legal subsidiaria, caracterizada por la exigencia de que haya acuerdo con los representantes de los trabajadores. Es decir, la inaplicación del régimen salarial del convenio se pudiera producir por acuerdo entre el empresario y los representantes de los trabajadores cuando así lo requiriera la situación económica de la empresa o, de no existir tal acuerdo, mediante la intervención de la comisión paritaria del propio convenio.

En este sentido la STS, rec. 43/2012 de 15 de abril de 2013, ECLI:ES:TS:2013:2131, indica que la ausencia de la denominada «cláusula de descuelgue salarial» —introducida en el ET/1995 por la Ley 11/1994, de 19 de mayo— no determina una posible inaplicación del convenio colectivo ni la de sus condiciones retributivas.

A TENER EN CUENTA: Tras la reforma laboral 2010 (Real Decreto-ley 10/2010, de 16 de junio y Ley 35/2010, de 17 de septiembre), el art. 82.3 del ET ya no contempla una posibilidad subsidiaria, que antes sólo operaba cuando el convenio supraempresarial no regulaba «condiciones y procedimientos» de descuelgue, sino que faculta al convenio empresarial para hacerlo.

Restricción de esta práctica en la negociación colectiva

La determinación del nuevo régimen salarial aplicable, la duración del descuelgue o la recuperación de las condiciones salariales o la notificación del acuerdo de descuelgue a la comisión paritaria junto con la función de la misma a la hora de validar o no conceder el propio descuelgue salarial, suponen, en la práctica, la principal reglamentación de los distintos convenios colectivos donde encontramos este tipo de cláusulas. Existiendo restricciones en su uso a través de fórmulas como las siguientes (a modo de ejemplo.: art. 9 del convenio colectivo de trabajo del sector de empresas de trabajo temporal; art. 39 del convenio colectivo de ámbito estatal para despachos de técnicos tributarios y asesores fiscales; entre muchos):

- Una comunicación escrita incluyendo documentos justificativos como balances, cuentas de resultados, informe de auditores o de censores de cuentas, una memoria explicativa de las causas económicas que motivan la solicitud, etc.

- Una acreditación objetiva y fehaciente del daño a la estabilidad económica como consecuencia de la aplicación de las condiciones fijadas por convenio.

- Limitación de las condiciones económicas que facultan la inaplicación salarial.

- La necesidad de un porcentaje o mayoría dentro de la comisión paritaria formada para la aplicación del descuelgue a favor de la aplicación del mismo.

- Establecimiento de límites temporales a la efectividad del descuelgue, o sujeción de su mantenimiento pasado cierto plazo en base a condiciones económicas determinadas.

- Procedimientos para la recuperación de las cantidades dejadas de percibir por las personas trabajadoras.

- Fijación de límites a su utilización reiterada o por periodos consecutivos.

- Necesidad de una comunicación empresarial previa por escrito antes de acogerse a las cláusulas aportando documentación.

- Necesidad de que el acuerdo de inaplicación determine con exactitud las nuevas condiciones de trabajo aplicables a la empresa y su duración.

- El cumplimiento en todo caso de las obligaciones establecidas en convenio (o plan de igualdad) relativas a la eliminación de las discriminaciones retributivas por razones de género, etc.

- En los supuestos de ausencia de representación legal de las personas trabajadoras en la empresa, la posibilidad de atribuir su representación a una comisión designada conforme a lo dispuesto en el artículo 41.4 del ET.

Intervención de la comisión paritaria del convenio colectivo para el descuelgue

Las comisiones paritarias de los convenios colectivos tienen, entre otras funciones, un papel esencial en la solución de los conflictos originados en la aplicación e interpretación de los mismos, debiendo también adquirirlo con respecto a los conflictos en materia de desacuerdo durante el período de consultas en los supuestos de descuelgue salarial. (Preámbulo del ASEC V).

Es habitual que las cláusulas de descuelgue de los convenios establezcan la necesidad de plantear ciertas discrepancias ante la comisión paritaria —mediante escrito debidamente razonado y motivado, por ejemplo—.

La comisión paritaria es un órgano relacionado con la administración, la gestión y la aplicación del convenio colectivo. Si el propio convenio así lo dispone se crea con la intención de realizar la aplicación y seguimiento de los acuerdos [arts. 63, 82.3, 85.3.e) y 91 del ET].

La comisión paritaria podrá resolver cualquier discrepancia que pueda surgir en materia de inaplicación del régimen salarial, así como cualquier otra inaplicación de las condiciones de trabajo previstas en el art. 82.3 del Estatuto de los Trabajadores. En lo que ahora interesa, la previsión legal es en sí misma suficiente para admitir que el legislador ha otorgado a la comisión paritaria la facultad de intervenir en esta clase de conflictos, reconociendo con ello la legitimidad de su actuación.

Ya hemos visto que lo que el antedicho precepto legal dispone es que cualquier de las partes *«(...) podrá someter la discrepancia a la comisión del convenio»*, y lo que establece la norma convencional en litigio en el caso de autos, es que dicha comisión podrá resolver cualquier discrepancia que le pueda ser planteada conforme a lo establecido en los art. 41.6 y 82.3 del ET.

Por otra parte, el art. 85.3 del ET, al regular el contenido mínimo del convenio colectivo, establece que *«Sin perjuicio de la libertad de contratación a que se refieren los apartados anteriores, los convenios colectivos habrán de expresar como contenido mínimo lo siguiente: (...) e) Designación de una comisión paritaria de la representación de las partes negociadoras para entender de aquellas cuestiones establecidas en la ley y de cuantas otras le sean atribuidas, así como establecimiento de los procedimientos y plazos de actuación de esta comisión, incluido el sometimiento de las discrepancias producidas en su seno a los sistemas no judiciales de solución de conflictos establecidos mediante los acuerdos interprofesionales de ámbito estatal o autonómico previstos en el artículo 83».*

Norma de la que se desprende que el convenio colectivo debe incluir entre las funciones de la comisión paritaria las cuestiones establecidas en la ley, lo que avala la perfecta adecuación a derecho de la previsión convencional que se limita simplemente a recoger aquellas competencias que los propios textos legales le atribuyen.

Procedimiento general para acogerse a una cláusula de descuelgue

El procedimiento general para acogerse a una cláusula de descuelgue se puede desglosar en los siguientes pasos:

- **Comunicación a los representantes de los trabajadores y a la comisión paritaria de solicitud de aplicación de la cláusula de descuelgue:** la empresa debe comunicar su intención de acogerse a la cláusula de descuelgue tanto a los representantes de los trabajadores como a la comisión paritaria del convenio colectivo aplicable. Esta comunicación debe realizarse dentro del plazo establecido en el convenio colectivo correspondiente.

- **Acreditación de la existencia de causas económicas con la aportación de documentos:** la empresa debe acreditar la existencia de causas económicas que justifiquen la aplicación de la cláusula de descuelgue. Esto generalmente implica demostrar situaciones de déficit o pérdidas mantenidas en los ejercicios contables de los dos años anteriores. La documentación necesaria puede incluir balances, cuentas de resultados, informes de auditores o censores de cuentas, declaraciones del Impuesto de Sociedades y un plan de viabilidad.

- **Plazo para la comunicación y la acreditación:** la solicitud debe presentarse dentro del plazo establecido en el convenio colectivo. En algunos convenios, cuando se publican nuevas tablas, se permite una inaplicación del régimen salarial establecido sujeta a un plazo desde la publicación del nuevo convenio.

- **Plazo de comunicación por parte de la comisión paritaria para indicar la procedencia o no de la solicitud efectuada por la empresa:** la comisión paritaria debe pronunciarse sobre la procedencia de la solicitud en un plazo determinado, que puede variar según el convenio colectivo. Por ejemplo, en algunos convenios, la comisión paritaria tiene un plazo de 20 días naturales para examinar la documentación y tomar una decisión.

- **Tiempo de aplicación de la cláusula de descuelgue:** el tiempo de aplicación de la cláusula de descuelgue debe estar claramente determinado en el convenio colectivo. Puede ser total o parcial, y puede incluir la minoración de los porcentajes de incrementos establecidos en el convenio o incluso la no aplicación de los mismos si al final del ejercicio se obtuvieron beneficios. La duración de la inaplicación no puede superar el período de vigencia del convenio o, en su caso, los tres años de duración.

Inaplicación del incremento salarial en las empresas en pérdidas

Ante la existencia de un nuevo convenio colectivo con incrementos salariales no es extraño encontrar en la negociación colectiva la posibilidad de solicitar una adecuación del incremento salarial ante situaciones de pérdidas en la empresa.

La existencia de estos procedimientos referidos a supuestos de inaplicación de un incremento salarial anual en caso de pérdidas no será obstáculo para que las empresas, durante la vigencia del convenio colectivo, puedan acudir al procedimiento de descuelgue salarial cuando se den los supuestos y en los términos y condiciones regulados en el artículo 82.3 del Estatuto de los Trabajadores.

Con carácter general se iniciará a petición de la empresa, en un plazo máximo determinado a partir de la firma del convenio colectivo —o del primero de enero de cada año de su vigencia—. La empresa comunicará este extremo a la RLPT y deberá seguir los cauces fijados en negociación colectiva.

Análisis de las cláusulas de descuelgue en los convenios colectivos

Algunos ejemplos de interés relacionados con la comisión paritaria o procedimiento de inaplicación y/o descuelgue del convenio los encontramos en sectores como:

Artículos 14 a 17 del VII convenio colectivo general del sector de la construcción (CCGSC, cód. n.° 99005585011900)

Múltiples convenios del sector se remiten a los artículos 14 a 17 del VI Convenio General del Sector de la Construcción a la hora de inaplicar las condiciones de trabajo. Este sector establece, sin perjuicio de lo establecido en el artículo 82.3 del ET, ciertas peculiaridades:

- **Causas:** con independencia de lo establecido en el artículo 82 del ET, se podrá proceder a la inaplicación cuando la empresa alternativamente tenga o una disminución persistente de su nivel de ingresos o su situación y perspectivas económicas puedan verse afectadas negativamente afectando a las posibilidades de mantenimiento del empleo; estas causas se entenderán que concurren, entre otros supuestos, cuando el «resultado de explotación por empleado» (es decir dicho resultado dividido entre el número promedio de personas trabajadoras empleadas equivalentes a jornada completa del correspondiente periodo) o de «ventas» a nivel nacional de la empresa en el último ejercicio o en los doce últimos meses sea inferior en un 12 por ciento al promedio del resultado de explotación por empleado o ventas en el respectivo ejercicio anterior o en los doce meses precedentes a los últimos tomados, considerándose por tanto que existe una causa objetiva para la inaplicación.

- **Comunicación a la representación de los trabajadores:** las empresas en las que concurran algunas de las causas de inaplicación previstas en el artículo anterior comunicarán a los representantes de las personas trabajadoras su deseo de acogerse a la misma. En los supuestos de ausencia de representantes de las personas trabajadoras en la empresa, se entenderá atribuida a los sindicatos más representativos del sector que estuvieran legitimados para formar parte de la comisión negociadora del convenio colectivo de aplicación a la misma, salvo que de las personas trabajadoras atribuyan su representación a una comisión designada conforme a lo dispuesto en el artículo 41.4 del ET. En ambos casos se comunicará el inicio del procedimiento a la comisión paritaria del convenio provincial, o en su caso autonómico, o estatal.

- **Inicio del procedimiento y documentación acreditativa:** el procedimiento se iniciará a partir de la comunicación de la empresa, abriéndose un período de consultas con la representación de las personas trabajadoras o comisión designada o las secciones sindicales cuando éstas así lo acuerden, siempre que sumen la mayoría de los miembros del Comité de Empresa o entre los delegados de personal. Dicho período, que tendrá una duración no superior a 15 días, versará sobre las causas motivadoras de la decisión empresarial, debiendo facilitar la empresa junto con la comunicación citada en el párrafo anterior, la documentación que avale y justifique su solicitud; entre otra posible y a meros efectos enunciativos se señala la siguiente: Memoria explicativa, Cuentas auditadas y/o presentadas en el Registro Mercantil, Balance de situación y cuenta de resultados y Avance de cuentas anuales previstas, o en defecto de la anterior la documentación de carácter similar que se adecúe a las concretas circunstancias de la empresa. Si la inaplicación se fundamenta en el indicado porcentaje de descenso sobre el «Resultado de explotación» o de «ventas» se deberá aportar la documentación de la cual se desprenda la situación de la empresa y que deberá estar necesariamente auditada o, en su caso, inscrita en el Registro Mercantil.

- **Finalización del periodo de consultas:** el acuerdo deberá ser notificado a la Comisión Paritaria del Convenio Colectivo afectado, quien a su vez remitirá copia del mismo a la Comisión Paritaria Estatal.

  En caso de desacuerdo y una vez finalizado el período de consultas, las partes remitirán a la comisión paritaria del convenio afectado la documentación aportada junto con el Acta recogida en el Anexo VIII acompañada de las alegaciones que, respectivamente, hayan podido realizar. La comisión, una vez examinado los documentos aportados, deberá pronunciarse sobre si en la empresa solicitante concurren o no alguna/s de las causas de inaplicación previstas en el artículo anterior.

- **En el supuesto de que la comisión paritaria competente no alcance acuerdo:** las discrepancias se someterán a un arbitraje vinculante en cuyo caso el laudo arbitral tendrá la misma eficacia que los acuerdos en período de consultas y sólo será recurrible conforme al procedimiento y en su caso a los motivos establecidos en el artículo 91 del E.T. Tal y como señala el Anexo VIII del CCGSC y a los efectos del sometimiento a arbitraje, será la propia Comisión Paritaria competente la que en el plazo de los cinco días siguientes a la finalización del plazo para resolver remitirá las actuaciones y documentación al correspondiente Servicio Interconfederal de Mediación y Arbitraje (SIMA) u otro organismo equivalente al que se hayan adherido en el ámbito correspondiente.

- **Duración del descuelgue:** en ningún caso dicha inaplicación podrá prolongarse más allá del momento que resulte aplicable un nuevo convenio en dicha empresa.

Artículo 39 del convenio colectivo sectorial de ámbito estatal de las administraciones de loterías (cód. n.° 99000075011981)

Obliga a solicitar y justificar la inaplicación del régimen salarial del convenio a la comisión paritaria.

Artículo 43 del convenio colectivo nacional para el sector de auto-taxis (cód. n.° 99010255011998)

«En lo referente a las causas que concurren para la inaplicación, y sin perjuicio de estar a lo dispuesto en el artículo 82.3 del E.T, las partes signatarias del presente convenio, dada la peculiaridad del sector, atomizado y con gran número empresas de pequeño tamaño, donde en la mayoría de los casos es imposible alcanzar los mínimo establecidos legalmente para designar representantes sindicales, se hace prioritario el compromiso de supervisión por parte de la Comisión Paritaria de todos los casos en los que exista inaplicación del presente convenio. No pudiendo existir inaplicaciones del convenio, en ningún caso donde se constaten la existencia de ingresos superiores a los mínimos salariales del mismo, con motivo de los pactos de salarios globales a los que hace referencia el artículo 35 del presente convenio, así como en virtud de otros acuerdos de carácter individual».

Artículo 60 del convenio colectivo estatal del sector de agencias de viajes (cód. n.° 99000155011981)

El artículo 60 establece las condiciones y procedimientos para las empresas que enfrentan déficit o pérdidas y desean aplicar un descuelgue salarial. A continuación, se resumen los puntos clave:

- **Situación justificativa:** las empresas deberán demostrar de forma objetiva y fehaciente sus situaciones de déficit o pérdidas en el ejercicio contable anterior o previstas para el ejercicio en cuestión.

- **Comunicación a la representación de los trabajadores:** la empresa debe informar a los representantes de los trabajadores acerca de su intención de no aplicar el régimen salarial establecido, dentro de los 15 días hábiles desde la publicación del convenio o revisiones salariales en el BOE.

- **Documentación necesaria:** deberán presentar a la representación de los trabajadores los documentos como balances y cuentas de resultados que respalden su situación económica, así como un plan de acción para solucionar la dificultad.

- **Negociación:** si no hay acuerdo en los 15 días posteriores a la comunicación, la empresa debe remitir la documentación a la comisión mixta de vigilancia e interpretación del convenio para que evalúe y resuelva las discrepancias surgidas.

- **Condiciones para el descuelgue:** las empresas que deseen aplicar un descuelgue salarial no podrán hacerlo si el importe de los incrementos salariales que se pretendan inaplicar pueda ser absorbido conforme a lo publicado en el convenio colectivo.

- **Revisión por la comisión mixta:** la comisión mixta evaluará las solicitudes de descuelgue salarial y decidirá sobre la aplicación de nuevas condiciones salariales basadas en la situación económica real de la empresa.

- **Plazo para la aplicación:** si se recurre a la inaplicación de las condiciones salariales, la empresa deberá seguir estos procedimientos cada vez que quieran aplicar este artículo ante la persistencia de la situación de pérdidas.

Artículo 15 del IV Convenio colectivo de los registradores de la propiedad, mercantiles y de bienes inmuebles y su personal auxiliar (cód. n.º 99007765011993)

La inaplicación de las condiciones de trabajo reguladas en el convenio colectivo puede producirse bajo ciertas circunstancias y siguiendo procedimientos específicos establecidos en el artículo 15 del mismo, así como en el Estatuto de los Trabajadores.

- **Causas de inaplicación:** la empresa puede solicitar la inaplicación de las condiciones de trabajo por causas ligadas a la situación económica, técnica, organizativa, o de producción que justifiquen dicha decisión.

- **Procedimiento:**
  » La empresa deberá comunicar su solicitud a la representación letrada o sindical de los trabajadores, incluyendo la documentación que justifique su decisión.
  » El desarrollo del proceso incluirá un período de consultas conforme al artículo 41.4 del Estatuto de los Trabajadores.

- **Acuerdos:** el acuerdo resultante debe especificar las nuevas condiciones de trabajo aplicables y su duración, que no podrá prolongarse más allá de que un nuevo convenio entre en vigor en la empresa.

- **Discrepancias:** cualquier desacuerdo que surja durante la negociación deberá someterse a la comisión paritaria del convenio, que tiene un plazo máximo de siete días para emitir un pronunciamiento. Cuando la intervención de la Comisión Paritaria hubiera sido sin acuerdo, las partes deberán seguir las previsiones del artículo 82.3 del Estatuto de los Trabajadores.

- **Depósito de inaplicaciones:** para la validez del descuelgue se establece como requisito imprescindible el depósito del acuerdo en la comisión paritaria, aunque su intervención se limitará a recibir el texto remitido.

Artículo 49 del convenio colectivo de empresas de mediación de seguros privados (cód. n.º 99000165011987)

La inaplicación de las condiciones de trabajo reguladas en el convenio analizado se puede llevar a cabo siguiendo las siguientes pautas:

- **Comunicación de solicitud:** la empresa deberá comunicar la solicitud de inaplicación a la representación unitaria o sindical de los trabajadores, lo que dará lugar a un periodo de consultas.

- **Justificación:** se debe incluir la documentación pertinente que justifique el descuelgue de las condiciones establecidas en el convenio.

- **Acuerdo de inaplicación:** las nuevas condiciones de trabajo y su duración deben ser claramente determinadas en el acuerdo alcanzado, que no podrá extenderse más allá del nuevo convenio en la empresa.

- **Protección contra discriminación:** el acuerdo de inaplicación no podrá dar lugar a incumplimientos que afecten a la eliminación de discriminaciones por género.

- **Notificación a la comisión paritaria:** cualquier acuerdo de inaplicación deberá ser notificado a la comisión paritaria del convenio.

- **Resolución de desacuerdos:** las discrepancias surgidas durante la negociación se someterán a la comisión paritaria, que deberá pronunciarse en un plazo máximo de siete días.

Artículo 35 del XXI convenio colectivo general de la industria química (cód. n.º 99004235011981)

Se establece un procedimiento de las condiciones de trabajo reguladas en el presente convenio colectivo. En el caso de la inaplicación de los porcentajes de incremento y/o revisión salarial contemplados en los artículos 33 y 38 texto colectivo, la comunicación a los representantes de las personas trabajadoras deberá producirse en el plazo de treinta días naturales desde la publicación del convenio en el «Boletín Oficial del Estado».

CUESTIÓN

¿Un convenio colectivo puede establecer una cláusula de limitación del plazo de solicitud del descuelgue?

Sí, un convenio colectivo puede establecer una cláusula de limitación del plazo de solicitud del descuelgue de sus condiciones. Según el artículo 82.3 del Estatuto de los Trabajadores (ET), el procedimiento para la inaplicación de las condiciones de trabajo previstas en el convenio colectivo debe seguir un periodo de consultas y cumplir con ciertos requisitos formales. Dentro de este marco, es posible que el convenio colectivo incluya disposiciones específicas sobre los plazos y condiciones para solicitar el descuelgue, siempre y cuando no contravengan la normativa laboral vigente.

JURISPRUDENCIA

STS n.º 810/2020, de 29 de septiembre de 2020, ECLI:ES:TS:2020:3141

«(...) la genérica previsión del Convenio Colectivo no es en sí misma incompatible con la regulación legal de esta materia, y no conculca por lo tanto la legalidad vigente, en el sentido que exige el art. 163.1 LRJS para que pueda prosperar la acción de impugnación del Convenio Colectivo».

2.
¿QUÉ ES UN DESCUELGUE DE LAS CONDICIONES DEL CONVENIO? ¿Y UN DESCUELGUE SALARIAL?

El *«descuelgue de las condiciones del convenio»* se refiere a la posibilidad de que una empresa, bajo ciertas circunstancias, deje de aplicar temporalmente algunas de las condiciones de trabajo establecidas en el convenio colectivo que rige sus relaciones laborales. Esta medida puede ser adoptada cuando concurren causas económicas, técnicas, organizativas o de producción, y debe ser acordada entre la empresa y los representantes de los trabajadores, siguiendo un procedimiento específico que incluye un periodo de consultas.

El *«descuelgue salarial»* es una modalidad específica de descuelgue que permite a las empresas en dificultades económicas no aplicar las condiciones salariales previstas en el convenio colectivo. Este mecanismo busca evitar medidas más drásticas como despidos o cierres de la empresa. El descuelgue salarial debe ser acordado entre la empresa y los representantes de los trabajadores y no puede ser decidido unilateralmente por la empresa.

En resumen, ambos conceptos permiten a las empresas ajustar temporalmente las condiciones laborales pactadas en el convenio colectivo para afrontar situaciones adversas, pero siempre bajo un marco regulado y con la participación de los representantes de los trabajadores.

2.1. Delimitación del concepto de inaplicación del convenio colectivo o descuelgue de las condiciones de convenio

El descuelgue de convenio es una **medida temporal, extraordinaria y negociada regulada en el art. 82.3 del Estatuto de los Trabajadores** por la que se permite alterar lo pactado en un convenio colectivo sobre determinadas materias. (STS n.º 55/2025, de 28 de enero de 2025, ECLI:ES:TS:2025:470). De forma sucinta, el procedimiento de descuelgue permite a una empresa de manera temporal no aplicar los derechos recogidos en el convenio colectivo en una serie de materias.

Así las cosas, al menos inicialmente a la hora de plantearnos aplicar esta medida, nos encontraremos con una dificultad conceptual, decidir entre un **proceso de negociación vía MSCT del art. 41 del ET**, o, por el contrario, siguiendo lo dispuesto en el propio art. 41.6 del ET, **si cualquier decisión debe someterse al procedimiento del art. 82.3 del ET**. Aunque ambos procedimientos buscan ajustar las condiciones de trabajo a las necesidades de la empresa, **la MSCT permite cambios unilaterales por parte del empresario**, mientras que **el descuelgue requiere un acuerdo con los representantes de los trabajadores y está limitado temporalmente a la vigencia del convenio inaplicado**.

A TENER EN CUENTA. La empresa puede acudir al procedimiento de MSCT (art. 41 del ET) para aplicar modificaciones sustanciales de condiciones de trabajo cuando afecten a materias que no estén reguladas en un convenio colectivo de naturaleza estatutaria, pero debe necesariamente sujetarse al específico procedimiento del art. 82.3 del ET, cuando lo que pretende es inaplicar condiciones de trabajo reguladas en esa clase de convenios, para descolgarse de las mismas en razón de las alegadas causas económicas, productivas, técnicas u organizativas, que pretende hacer valer a tal efecto.

CUESTIONES

1. ¿Un descuelgue permite la inaplicación unilateral del convenio colectivo?

No, debe agotarse el procedimiento legalmente establecido para alcanzar ese resultado. Así, de no alcanzarse acuerdo con la representación de los trabajadores legitimada, solo el agotamiento de las vías que el texto legal abre —como acudir a la comisión paritaria del convenio, a los procedimientos del art. 83 del ET en su caso, y, finalmente, a la correspondiente Comisión consultiva de convenios— pueden acabar por permitir a la empresa el apartamiento de la cláusula convencional controvertida, descartándose la adopción de medidas de descuelgue de forma unilateral. (STS n.º 15/2021, de 13 de enero de 2021, ECLI:ES:TS:2021:290).

2. ¿La empresa puede instar simultáneamente los procedimientos negociadores establecidos en los arts. 41 y 82.3 del ET?

Sí. No hay obstáculo legal que impida a la empresa instar simultáneamente ese doble procedimiento negociador de los arts. 41 y 82.3 del ET. Sería posible instar ambos procedimientos si considera que la situación en la que se encuentra requiere la adopción de medidas de modificación sustancial de condiciones de trabajo, alguna de las cuales obliguen a la inaplicación de lo previsto en el convenio colectivo. (STS n.º 887/2020, de 8 de octubre de 2020, ECLI:ES:TS:2020:3487).

3. ¿Sería posible el descuelgue de las condiciones reguladas en un convenio extraestatutario?

Un convenio extraestatutario no reúne los requisitos del art. 90 del ET —al no haber sido registrado ni publicado—. En caso de pretender inaplicar las condiciones de trabajo reguladas en un convenio extraestatutario no sería necesario una acuerdo al amparo del art. 82.3 del ET, debería acudirse al procedimiento de modificación sustancial de condiciones de trabajo regulado (art. 41 del ET y STS, rec. 594/2012, de 23 de octubre de 2012, ECLI:ES:TS:2012:728).

4. Si un convenio está en ultraactividad, ¿es necesario un descuelgue de sus condiciones para dejar de aplicarlo?

Sí. La ultraactividad no significa que el convenio colectivo haya perdido su eficacia jurídica, de manera que sigue siendo preceptivo acudir al procedimiento del art. 82.3 ET para cualquier modificación de las condiciones de trabajo establecidas en el mismo que continúan desplegando efectos jurídicos durante esa situación de ultraactividad. (STS n.º 55/2025, de 28 de enero de 2025, ECLI:ES:TS:2025:470).

Debemos recordar que la «(...) la finalidad de las previsiones legales contenidas en los arts. 41.6 y 82.3 ET, no es otra que la de exigir a la empresa la necesidad de acudir al procedimiento de descuelgue previsto en este último precepto, cuando pretendan exonerarse del cumplimiento de cualquier obligación impuesta en el convenio colectivo». (STS n.º 607/2021, de 8 de junio, ECLI:ES:TS:2021:2677).

5. Los pactos y acuerdos aplicables al personal laboral de las Administraciones Públicas en su condición de empresario, ¿son susceptibles del descuelgue?

No. Las previsiones del art. 82.3 del ET operan sobre convenios colectivos de sector o empresa estatutarios.

6. Si una empresa aplica dos convenios colectivos, ¿podría descolgarse de las condiciones de uno de ellos?

Con las cautelas que requiere la legitimación para negociar en cada caso, una empresa puede descolgarse de las condiciones de uno de los convenios colectivos que aplica, siempre y cuando concurran causas económicas, técnicas, organizativas o de producción. Para ello, es necesario que se alcance un acuerdo entre la empresa y los representantes de los trabajadores legitimados, siguiendo un periodo de consultas conforme a lo previsto en el artículo 41.4 del Estatuto de los Trabajadores (ET).

2.1.1. Diferencias entre modificación sustancial y descuelgue

Las causas para el descuelgue y la MSCT son similares, pues en ambos casos se pretende buscar una solución a un problema por el que atraviesa la empresa que se traduce en dificultades económicas o sencillamente en su falta de competitividad, productividad o en necesidades de organización técnica o del trabajo en la empresa. No obstante, encontramos múltiples diferencias:

- La **lista de materias** susceptibles de modificación sustancial es abierta, siendo ejemplificativa la contenida en el art. 41.1 del ET. En contraposición, el elenco de materias respecto de las que cabe la inaplicación es cerrado. Las dos tablas son casi coincidentes, si bien el apdo. 3 del art. 82 del ET menciona las mejoras voluntarias de la Seguridad Social, cuya referencia se omite en el art. 41 del ET.

- Sólo los **cambios en las condiciones de trabajo** que tengan carácter sustancial quedan sometidos al procedimiento previsto en el art. 41 del ET. Sin embargo, todas las alteraciones de las condiciones de trabajo previstas por el convenio, sean sustanciales o no, deben quedar sometidas al descuelgue.

- El empresario habrá de acudir al procedimiento previsto en el **art. 41 del ET** cuando pretenda modificar condiciones de trabajo reconocidas a los trabajadores en el contrato de trabajo, en acuerdos o pactos colectivos o disfrutadas por éstos en virtud de una decisión unilateral del empresario de efectos colectivos. Por el contrario, la modificación de las condiciones de trabajo establecidas en los convenios colectivos deberá realizarse conforme a lo establecido en el **artículo 82.3 ET** (art. 41.6 del ET).

- La **decisión** de modificación de condiciones de trabajo, sea de carácter individual o colectivo, compete al empresario, quien puede imponerla aunque no haya acuerdo con la representación legal de los trabajadores. Sin embargo, la inaplicación de condiciones de trabajo no puede llevarse a efecto de forma unilateral por el empresario: es necesario el pacto o el laudo sustitutivo.

- Mientras que la **duración** del descuelgue no puede ir más allá del tiempo de aplicación del convenio, la vigencia de una MSCT no aparece legalmente limitada en su duración temporal.

- Respecto de la **impugnación** encontramos diferencias relacionadas con plazos, modalidad procesal, etc. y sus consecuencias. En determinados casos de MSCT el trabajador que resultase perjudicado puede rescindir su contrato percibiendo una indemnización de 20 días de salario por año de servicio prorrateándose por meses los períodos inferiores a un año y con un máximo de nueve meses.

Como vemos, la principal diferencia, entre una y otra situación jurídica, se observa en que sólo los cambios en las condiciones de trabajo que tengan carácter sustancial quedan sometidos al procedimiento previsto en el art. 41 del ET. Sin embargo, **todas las alteraciones de las condiciones de trabajo previstas por el convenio, sean sustanciales o no, deben quedar sometidas al descuelgue**, de manera que la modificación de las condiciones de trabajo establecidas en los convenios colectivos deberá realizarse conforme a lo establecido en el artículo 82.3 del ET (art. 41.6 del ET), teniendo en cuenta que la decisión de modificación de condiciones de trabajo, puede imponerla finalmente la empresa, en defecto de acuerdo con la representación legal de los trabajadores, mientras que la inaplicación de condiciones de trabajo previstas en el convenio colectivo no puede llevarse a efecto de forma unilateral por el empresario: es necesario el pacto o el laudo sustitutivo.

> **JURISPRUDENCIA**
>
> **STS n.º 607/2021, de 8 de junio, ECLI:ES:TS:2021:2677**
>
> Se recalca que la finalidad de las previsiones legales contenidas en los arts. 41.6 y 82.3 del ET, no es otra que la de exigir a la empresa la necesidad de acudir al procedimiento de descuelgue previsto en este último precepto, cuando pretendan exonerarse del cumplimiento de cualquier obligación impuesta en el convenio colectivo.

Profundizando más en algunas de las diferencias indicadas podemos decir:

1. Preceptos normativos

El artículo 41 del ET («Modificaciones sustanciales de condiciones de trabajo») dispone lo siguiente:

1. La dirección de la empresa podrá acordar modificaciones sustanciales de las condiciones de trabajo cuando existan probadas razones económicas, técnicas, organizativas o de producción. Se considerarán tales las que estén relacionadas con la competitividad, productividad u organización técnica o del trabajo en la empresa.

Tendrán la consideración de modificaciones sustanciales de las condiciones de trabajo, entre otras, las que afecten a las siguientes materias:

a) Jornada de trabajo.

b) Horario y distribución del tiempo de trabajo.

c) Régimen de trabajo a turnos.

d) Sistema de remuneración y cuantía salarial.

e) Sistema de trabajo y rendimiento.

f) Funciones, cuando excedan de los límites que para la movilidad funcional prevé el artículo 39.

En dicho artículo 41, su apartado 4 se ocupa de los aspectos procedimentales, en los siguientes términos: *Sin perjuicio de los procedimientos específicos que puedan establecerse en la negociación colectiva, la decisión de modificación sustancial de condiciones de trabajo de carácter colectivo deberá ir precedida de un periodo de consultas con los representantes legales de los trabajadores, de duración no superior a quince días, que versará sobre las causas motivadoras de la decisión empresarial y la posibilidad de evitar o reducir sus efectos, así como sobre las medidas necesarias para atenuar sus consecuencias para los trabajadores afectados (...)».*

Por su lado, el apdo. 7.4 del artículo 138 de la LRJS prescribe que se declarará nula la decisión empresarial de MSCT que se adopte *«eludiendo las normas relativas al periodo de consultas».*

El reiterado artículo 82 del ET *(«Concepto y eficacia»)* dispone que los convenios colectivos obligan a todos los empresarios y trabajadores incluidos dentro de su ámbito de aplicación y durante todo el tiempo de su vigencia. Y añade que, sin perjuicio de lo anterior, cuando concurran causas económicas, técnicas, organizativas o de producción, por acuerdo entre la empresa y los representantes de los trabajadores legitimados para negociar un convenio colectivo conforme a lo previsto en el artículo 87.1, se podrá proceder, previo desarrollo de un periodo de consultas en los términos del artículo 41.4, a inaplicar en la empresa las condiciones de trabajo previstas en el convenio colectivo aplicable, sea este de sector o de empresa.

2. Concepto de MSCT

Por modificación sustancial de las condiciones de trabajo hay que entender aquéllas de tal naturaleza que alteren y transformen los aspectos fundamentales de la relación laboral, entre ellas, las previstas en la lista *ad exemplum* del art. 41.2 del ET pasando a ser otras distintas, de un modo notorio, mientras que cuando se trata de simples modificaciones accidentales, éstas no tienen dicha condición siendo manifestaciones del poder de dirección y del *ius variandi empresarial.*

La jurisprudencia destaca la imposibilidad de trazar una noción dogmática de MSCT y la conveniencia de acudir a criterios empíricos de casuismo, sosteniéndose al efecto por autorizada doctrina que es sustancial la variación que conjugando su intensidad y la materia sobre la que verse, sea real o potencialmente dañosa para el trabajador. (Cómo hacer una modificación en el contrato laboral. Paso a paso. Colex. Año 2024).

Para calificar la sustancialidad de una concreta modificación habrá de ponderarse no solamente la materia sobre la que incide, sino también sus características, y ello desde la triple perspectiva de su importancia cualitativa, de su alcance temporal e incluso de las eventuales compensaciones.

Para calificar una modificación como sustancial tendrá el intérprete que estudiar caso por caso, y su juicio deberá tener en cuenta siempre los elementos contextuales, así como el contexto convencional e individual, la entidad del cambio, el nivel de perjuicio o el sacrificio que la alteración supone para los trabajadores afectados.

A TENER EN CUENTA. Las modificaciones sustanciales son aquellas de tal naturaleza que alteran y transforman los aspectos fundamentales de la relación laboral, en términos tales que pasan a ser otros de modo notorio.

El supuesto del artículo 41 del ET, en suma, solo contempla los casos en que la MSCT se produce por iniciativa unilateral de la empresa pero al amparo de causas determinadas. *«La norma facilita, entonces, el ajuste racional de las estructuras productivas a las sobrevenidas circunstancias del mercado, fruto de la variable situación económica, con el objetivo de procurar el mantenimiento del puesto de trabajo en lugar de su destrucción, atendiendo así a fines constitucionalmente legítimos, como son garantizar el derecho al trabajo de los ciudadanos (art. 35.1 de la CE), mediante la adopción de una política orientada a la consecución del pleno empleo (art. 40.1 CE), así como la libertad de empresa y la defensa de la productividad (art. 38 de la CE)»*, por asumir los términos de la STC n.º 8/2015, de 22 de enero.

CUESTIÓN

¿La alteración de las condiciones de trabajo previstas en un convenio colectivo puede llevarse a cabo a través del procedimiento de modificación sustancial de condiciones de trabajo (MSCT)?

No es posible alterar lo previsto en un convenio colectivo mediante la vía del artículo 41 del ET, a menos que se cumplan las condiciones específicas que dicho artículo establece y que justifiquen una modificación sustancial de las condiciones laborales.

3. Obligación de seguir un período de consultas

La intervención de la representación legal de los trabajadores y de un periodo de consultas en ambas situaciones es exigible y debe atenderse y cumplirse por la empresa. (STS, rec. 83/2017 de 26 de junio de 2018, ECLI:ES:TS:2018:290).

La obligación de seguir un período de consultas en los supuestos de **MSCT**, además de una previsión directa que establece el referido apartado 4 del artículo 41 del ET, es concreción directa de la previsión general contenida en el artículo 64.5 del ET según la que los representantes de los trabajadores tendrán derecho a ser informados y consultados, entre otras cuestiones, sobre todas las decisiones de la empresa que pudieran provocar cambios relevantes en cuanto a la organización del trabajo y a los contratos de trabajo en la empresa, pues no cabe duda de que una modificación sustancial de condiciones de trabajo de carácter colectivo constituye un cambio relevante en los contratos de trabajo, máxime si, como es el caso, afecta a una de las condiciones básicas de la relación laboral cual es la prestación salarial.

Con mayor razón si cabe, esa misma obligación de acudir a la negociación colectiva es absolutamente insoslayable en los supuestos de **descuelgue** del art. 82.3 del ET, en los que ni tan siquiera se concede al empresario la posibilidad de imponer unilateralmente la medida sobre la que no ha conseguido alcanzar un acuerdo con la representación legal de los trabajadores durante el periodo de consultas.

CUESTIÓN

Si toda la plantilla acepta individualmente inaplicar un aspecto del convenio colectivo, ¿la decisión empresarial debe someterse al procedimiento de descuelgue?

Sí. La empresa no puede inaplicar unilateralmente un aspecto del convenio colectivo. Ha de seguir para ello el procedimiento de descuelgue del art. 82.3 del ET. La aceptación individual en masa de cualquier decisión empresarial por una gran parte de los trabajadores no la convalida. (STS n.º 15/2021, de 13 de enero de 2021, ECLI:ES:TS:2021:290).

2.1.2. Medidas sobre las que se puede hacer un descuelgue de las condiciones de convenio

Como hemos reiterado, el art. 82.3 del ET mantiene la regla general según la cual los convenios colectivos estatutarios obligan a todos los empresarios y trabajadores incluidos dentro de su ámbito de aplicación y durante todo el tiempo de su vigencia, pero excepciona dicha obligación —en aras a la adaptabilidad de la empresa— cuando concurran causas económicas, técnicas, organizativas o de producción, siempre que exista acuerdo con los representantes legitimados de los trabajadores (art. 87.1 del ET), previo período de consultas en los términos del art. 41.4 del ET, en cuyo caso la empresa podrá inaplicar las condiciones de trabajo previstas en el convenio colectivo aplicable, sea este de sector o de empresa y fuere cual fuere el número de trabajadores implicados, que afecten a las siguientes materias:

1. Jornada de trabajo. Sobre ese aspecto la normativa fija otros procedimientos regulados de forma independiente: el art. 12 del ET protege al trabajador frente a cambios unilaterales en la modalidad de su jornada (completa o parcial), exigiendo que cualquier conversión sea voluntaria. Además, el art. 47.2 del ET limita la capacidad del empresario para reducir la jornada laboral, permitiendo una disminución temporal de entre un 10% y un 70% bajo ciertas condiciones (ERTE). Por último, el art. 34.2 del ET permite la distribución irregular de la jornada a lo largo del año, ya sea por convenio colectivo o acuerdo entre empresa y representantes de los trabajadores, o un 10% de distribución irregular a discreción de la empresa en ausencia de pacto.

La medida de descuelgue en materia de jornada máxima y distribución irregular afecta a todos los convenios colectivos que tuvieran establecida una jornada máxima anual inferior a la establecida en el Estatuto de los Trabajadores, a todos los que tengan establecido un límite de horas de jornada diaria inferior a la legal, a todos los que tengan pactada una jornada semanal de 40 horas de trabajo sin referencia al promedio en cómputo anual, así como a los que tengan establecida la imposibilidad de distribución irregular de jornada o un límite a la distribución irregular de la jornada inferior al establecido con carácter general en el ET.

2. Horario y distribución del tiempo de trabajo. Dentro de este punto encontramos la jornada (art. 34 del ET), horas extraordinarias (art. 35 del ET), trabajo nocturno, trabajo a turnos y ritmo de trabajo (art. 36 del ET), descanso semanal, fiestas y permisos (art. 37 del ET) y vacaciones anuales (art. 38 del ET) —lógicamente con respeto a los mínimos de derecho necesario fijados acuerdo colectivo sobre la jornada de trabajo, horario y distribución del tiempo de trabajo—.

Ninguna duda cabe que ha de incluirse en este apartado el régimen de disfrute de las vacaciones, pues como dice la STS, rec. 90/2012, de 17 de mayo de 2013, ECLI:ES:TS:2013:3157, se trata de una cuestión que afecta al régimen horario y de distribución del tiempo de trabajo, y aunque literalmente no se haga referencia expresa a ello en el art. 82.3 del ET, *«(...) está implícita en los apartados relativos a la jornada de trabajo, horario y distribución del tiempo de trabajo, habida cuenta de que -interpretación sistemática, argumentada con acierto por el recurso- el tratamiento legal, como el doctrinal, de las vacaciones se hace dentro del apartado del 'tiempo de trabajo' [sección quinta del capítulo II del ET]»*.

3. Régimen de trabajo a turnos. Tiene la consideración de trabajo a turnos toda forma de organización del trabajo en equipo según la cual los trabajadores ocupan sucesivamente los mismos puestos de trabajo, según un cierto ritmo, continuo o discontinuo, implicando para el trabajador la necesidad de prestar sus servicios en horas diferentes en un período determinado de días o de semanas (apdo. 3 del art. 36 del ET) .

Cualquier condición establecida en convenio que mejore lo regulado en el apdo. 3 del art. 36 del ET, art. 19 del Real Decreto 1561/1995, de 21 de septiembre, sobre jornadas especiales de trabajo y en la Directiva 93/104/CE del Consejo de 23 de noviembre de 1993 podría ser susceptible de descuelgue.

4. Sistema de remuneración y cuantía salarial. El apartado d) del artículo 82.3 ET engloba las medidas de inaplicación de la regulación colectiva sobre el sistemas de remuneración y cuantía salarial de concurrir *«(...) causas económicas, técnicas, organizativas o de producción»*.

El **sistema de remuneración**, son los criterios o reglas que fijan los distintos conceptos retributivos o la estructura salarial y la manera de percibir los mismos, pero nunca se refieren a la fecha de pago por la prestación del trabajo, pues en otro caso el legislador habría optado por referir «la fecha de pago del salario y de los demás conceptos retributivos». Por tanto, el aplazamiento de la fecha de pago de la paga extraordinaria de Navidad así como del abono del salario pactado, no son materias susceptibles ele Incardinarse en el sistema de remuneración motivo por el cual no caben dentro del mecanismo previsto en el artículo 82.3 del ET.

La percepción puntual de la remuneración pactada o legalmente establecida, no tiene encaje en este precepto ya que se encuentra dentro de los derechos básicos de la relación de trabajo que el artículo 4.2 f) del ET reconoce a los trabajadores. Cuya liquidación y pago no podrá exceder de un mes (artículo 29 ET) y por lo que se refiere a las pagas extraordinarias, el artículo 31 ET concreta que una de las dos gratificaciones extraordinarias a las que tiene derecho el trabajador es con ocasión de la fiesta de Navidad, pudiéndose prorrateadas las pagas en 12 mensualidades, preceptos acordes con el mandato contenido en el artículo 12 del convenio n.° 95 de la OIT. (STS n.° 439/2019, de 11 de junio de 2019, ECLI:ES:TS:2019:2461).

5. Sistema de trabajo y rendimiento. Esta materia se asocia a la forma en la que se lleva a cabo la actividad productiva de la empresa o los incentivos para fomentar el rendimiento o la productividad (también dentro del sistema de remuneración).

6. Funciones, cuando excedan los límites que prevé el artículo 39 del ET para la movilidad funcional. El artículo 39 del Estatuto de los Trabajadores concede al empresario la facultad de encomendar unilateralmente al trabajador la realización de tareas diferentes a las que corresponden al grupo profesional (movilidad funcional) siguiendo dos premisas impuestas por el texto estatutario: realizarse de acuerdo a las titulaciones académicas o profesionales precisas para ejercer la prestación laboral y con respeto a la dignidad del trabajador.

Mediante el descuelgue, por tanto, la empresa podría no estar obligada a aplicar las condiciones de trabajo del convenio colectivo en lo que respecta a esas funciones del trabajador, siempre y cuando se cumplan las condiciones económicas, técnicas, organizativas o de producción establecidas, como un acuerdo con los representantes de los trabajadores o la existencia de causas justificadas que permitan dicha modificación.

7. Mejoras voluntarias sobre la protección que ofrece la Seguridad Social. Se pueden descolgar las mejoras de lo establecido en el convenio colectivo que van más allá de las prestaciones mínimas obligatorias de la Seguridad Social. Por ejemplo, si un convenio colectivo incluye una mejora en la cobertura de la baja por enfermedad, la empresa podría eliminar esta mejora en caso de descuelgue.

Dado que prácticamente las mismas materias pueden ser objeto de variación indistintamente a través de los procedimientos regulados en el art. 41 o en el art. 82.3 del ET, a la finalización de la lectura de este punto, probablemente, surgirá de nuevo una duda: **¿qué procedimiento debe seguirse?**

En este caso debemos tener presente algunos conceptos que ya hemos citado:

- **Diferencias en cuanto a la definición de las causas:** es más detalladas para el supuesto de inaplicación).

- **Legitimación para negociar por la representación de los trabajadores:** es más reducida en el art. 82.3 (*«(...) los representantes de los trabajadores legitimados para negociar un convenio colectivo conforme a lo previsto en el artículo 87.1»*).

- **En caso de desacuerdo:** el empresario no puede decidir unilateralmente la inaplicación del convenio a diferencia de lo que acontece en las modificaciones sustanciales, etc.

No obstante, existe una diferencia esencial que conduce a la necesaria aplicación de uno u otro cauce procedimental, la que deriva del **título en el que está constituida la condición que se pretende modificar,** pudiéndose acudir al procedimiento art. 41 del ET cuando las condiciones estén reconocidas a los trabajadores **«en el contrato de trabajo, en acuerdos o pactos colectivos o disfrutadas por éstos en virtud de una decisión unilateral del empresario de efectos colectivos»,** pero debiéndose articular la modificación a través del cauce de inaplicación en la empresa las **condiciones de trabajo previstas en el convenio colectivo aplicable,** sea este de sector o de empresa, cuando, como expresamente dispone el art. 41.6 del ET, se pretenda la modificación de las condiciones de trabajo establecidas en los convenios colectivos regulados en el Título III del Estatuto de los Trabajadores.

CUESTIONES

¿Cuál es la diferencia entre la lista de materias para una MSCT y para el descuelgue de las condiciones del convenio?

El art. 82.3 del ET enumera una lista cerrada de materias sobre las que se permite el descuelgue de las condiciones del convenio, introduciendo las mejoras voluntarias de la acción protectora de la Seguridad Social. Por el contrario, la lista del art. 41 del ET no es cerrada ya que la propia norma dice «entre otras».

2.2. Concepto de descuelgue salarial

Podríamos decir que el descuelgue salarial es una herramienta legal que permite a las empresas ajustar las condiciones salariales pactadas en los convenios colectivos en situaciones de crisis, siempre que se sigan los procedimientos establecidos en la normativa y se alcance un acuerdo con los representantes de los trabajadores

A pesar de lo extendido de este concepto, el reiterado artículo 82.3 del ET, al regular el denominado comúnmente *«descuelgue del convenio»*, o más técnicamente *«inaplicación de las condiciones de trabajo previstas en el convenio colectivo aplicable»*, no dispone peculiaridad alguna para la inaplicación de los conceptos salariales cuando concurran causas ETOP.

Este concepto, por tanto, debemos incardinarlo dentro del apartado d) del artículo 82.3 del ET como una medida de inaplicación de la regulación colectiva sobre el sistemas de remuneración y cuantía salarial de concurrir causas económicas, técnicas, organizativas o de producción.

3.
¿CUÁNDO PUEDE REALIZARSE UN DESCUELGUE SALARIAL?

El descuelgue salarial requiere un procedimiento regulado y causas justificativas como económicas, técnicas, organizativas o productivas.

Como hemos tratado a modo introductorio, la modificación de las condiciones de un convenio colectivo tiene como vía legal la figura del descuelgue, la cual presupone un específico **procedimiento regulado al efecto en el art. 82 del ET.** (STS n.º 406/2024, de 29 de febrero, ECLI:ES:TS:2024:1485).

Esta figura, no obstante, solo puede surgir cuando concurren una serie de circunstancias tanto de tipo **normativo** (se desea alterar una condición de trabajo presente en un convenio colectivo), **ámbito negocial** (la empresa es la unidad de negociación), causal (causas económicas, técnicas, organizativas o de producción), **procedimental** (periodo de consultas en los términos del artículo 41.4 de ET), **material** (referida a las materias contempladas en el ET), **subjetivo** (necesitándose acuerdo o laudo) y **cronológico** (la vigencia no puede superar la del convenio inaplicado) definidas en múltiple jurisprudencia. (STS n.º 971/2017, de 29 de noviembre, ECLI:ES:TS:2017:4720, STS n.º 15/2021, de 13 de enero, ECLI:ES:TS:2021:290, y STS n.º 532/2019, de 3 de julio, ECLI:ES:TS:2019:2525, entre muchas).

Eso significa que la posibilidad de acogerse al mecanismo de referencia no permite en modo alguno la inaplicación unilateral del convenio, **debiendo en todo caso agotarse el procedimiento legalmente establecido para llegar a ese resultado.** Así, de no alcanzarse acuerdo con la representación de los trabajadores legitimada, solo el agotamiento de las vías que el texto legal abre —como acudir a la comisión paritaria del convenio, a los procedimientos del art. 83 del ET en su caso, y, finalmente, a la correspondiente Comisión consultiva de convenios— pueden acabar por permitir a la empresa el apartamiento de la cláusula convencional controvertida, descartándose la adopción de medidas de descuelgue de forma unilateral. (STS n.º 616/2016, de 6 julio, rec. 155/2015).

3

¿CUÁNDO PUEDE REALIZARSE UN DESCUELGUE SALARIAL?

4.
¿QUÉ CAUSAS PERMITEN EL DESCUELGUE SALARIAL? ¿CÓMO SE ACREDITAN?

Es importante destacar que las causas que permiten la inaplicación de determinadas condiciones de trabajo previstas en el convenio colectivo, o que permiten suspender contratos y reducir jornada, son sustancialmente las mismas que permiten recurrir al despido colectivo del artículo 51 ET y al despido objetivo del artículo 52 c) del ET (Despido objetivo. Paso a paso. Colex. Año 2023 y Despido colectivo. Paso a paso. Colex. Año 2023). La única diferencia está en que, respecto de las causas económicas, los artículos 47 y 82.3 del ET requieren dos trimestres consecutivos de disminución persistente de nivel de ingresos ordinarios o ventas, mientras que los artículos 51 y 52 c) ET requieren tres trimestres consecutivos. De esta forma, las causas que justifican el descuelgue son:

- **Económicas:** se entienden como tales cuando de los resultados de la empresa se desprenda una situación económica negativa, como la existencia de pérdidas actuales o previstas, o una disminución persistente de su nivel de ingresos o ventas durante dos trimestres consecutivo.

- **Técnicas:** cambios en los medios o instrumentos de producción.

- **Organizativas:** cambios en los sistemas y métodos de trabajo o en la organización de la producción.

- **Productivas:** cambios en la demanda de productos o servicios.

Para acreditar estas causas, la empresa debe presentar la documentación correspondiente que justifique la situación alegada. En el caso de causas económicas, se requiere una memoria explicativa de los resultados de la empresa que demuestre la situación económica negativa, incluyendo las cuentas anuales de los dos últimos ejercicios económicos completos y la documentación fiscal o contable que acredite la disminución persistente del nivel de ingresos ordinarios o ventas durante los últimos dos trimestres consecutivos

Para causas técnicas, organizativas o productivas, se debe aportar una memoria explicativa y los informes técnicos que acrediten los cambios en los medios de producción, los sistemas y métodos de trabajo, o la demanda de productos y servicios, respectivamente.

Además, recordamos, el descuelgue salarial puede ser regulado por cláusulas específicas en los convenios colectivos, que establecen las condiciones y procedimientos para su aplicación en situaciones de crisis que pudieran comprometer la viabilidad de la empresa.

En lo referente a la **documentación justificativa**, la carga de la prueba recae sobre la empresa pero no existe regulación legal ni reglamentaria sobre la documentación necesaria para los procedimientos de descuelgue de convenio regulados en los arts. 41 y 82.3 del ET.

Aunque es cierto que el art. 41.4 del ET no exige ningún tipo de documentación para acreditar la concurrencia de causas económicas, técnicas, organizativas o de producción a las empresas, no es menos cierto que el período de consultas, contemplado en el art. 41.4 del ET, constituye una manifestación propia de la negociación colectiva, que deberá respetar obligatoriamente las exigencias del art. 64.1 del ET, por lo que **las empresas deberán aportar la documentación precisa para que la RLT tenga conocimiento de la modificación propuesta y pueda proceder a su examen**, como presupuesto constitutivo para que el período de consultas pueda alcanzar sus fines.

Dicha obligación ha sido perfilada por la STS, rec. 78/2012, de 27 de mayo de 2013, ECLI:ES:TS:2013:4017, donde ha precisado, refiriéndose a los despidos colectivos eso sí, que la falta de aportación de alguno de los documentos exigidos por el RD 1483/2012, de 29 de octubre, no provoca mecánicamente la nulidad del despido, provocándola únicamente la falta de aportación de documentación trascendente, entendiéndose como tal la necesaria para que el período de consultas pueda alcanzar buen fin.

Con carácter general los tribunales de lo social no exigen mecánicamente la aportación de los documentos, exigidos por los arts. 4 y 5 del RD 1483/2012, de 29 de octubre, en los procedimientos de modificación sustancial colectiva o descuelgue de las condiciones de convenio, aunque considera buena práctica su aportación, por cuanto la misma contribuirá a la mayor transparencia del período de consultas, lo que constituye un valor en sí mismo, porque la consecución del acuerdo comporta necesariamente costes para la RLT, que se aliviarán, contribuyendo, de este modo, a mejorar las condiciones para alcanzar avenencias, la aportación de la información más exhaustiva posible, porque mejorará las condiciones de la negociación y contribuirá a cargar de razón a los negociadores

Por lo demás, las empresas están obligadas, como hemos subrayado anteriormente, a aportar toda la documentación, que permita alcanzar los objetivos del período de consultas, lo que obligará a comprobar, caso por caso, qué documentos son exigibles para tal fin, lo cual comportará, en determinados supuestos, la **aplicación analógica de los arts. 4 y 5 del RD 1483/2012, de 29 de octubre**, dependiendo de las causas alegadas por la empresa y en otras no será necesaria la aportación de dicha documentación, siempre que se demuestre que la aportada es suficiente para alcanzar los fines propuestos. (SAN n.º 216/2013, de 2 de diciembre de 2013, ECLI:ES:AN:2013:5398).

Teniendo en cuenta lo anterior, de forma orientativa y a efectos de referencia para el buen desarrollo del periodo de consultas regulado en el artículo 82.3 del ET, las empresas deberán presentar, al inicio del período de consultas, una **memoria explicativa** que contenga:

- Memoria explicativa de las causas económicas, tecnológicas y productivas que motivan la solicitud.
- Documentación económica como el balance y la cuenta de resultados de los dos años anteriores.
- Declaración del Impuesto de Sociedades referido a los años indicados en el apartado anterior.
- Informe relativo a los aspectos financieros, productivos, comerciales y organizativos de la empresa.
- Informe de auditoría de cuentas.
- Previsiones de la empresa para los años siguientes.
- Medidas de carácter general y específicas que tenga previsto tomar para solucionar la situación (plan de futuro).
- Informe técnico sobre la situación económica y financiera de la empresa. Este informe se acompañará de la documentación precisa (balances, cuentas de resultados, declaración impuesto de sociedades, en su caso informe de auditores).
- Un estudio sobre la incidencia de los salarios en la marcha económica de la empresa, etc.

CUESTIÓN

1. En caso de descuelgue de las condiciones de convenio, ¿puede solicitarse la entrega de la misma documentación que para el despido colectivo?

El empresario deberá aportar toda la documentación, que sea necesaria para que los representantes de los trabajadores tengan un conocimiento cabal de la situación, que les permita desplegar un diálogo eficiente con el empresario destinado a conseguir los fines del período de consultas, pero no puede imponerse mecánicamente, como requisito constitutivo para la validez del período de consultas, la aportación de la misma documentación del despido, porque la regulación diferenciada para los procedimientos de suspensión de contratos y reducción de jornada y la ausencia total de regulación para los demás procedimientos de flexibilidad interna acredita claramente que la intención de legislador no fue nunca generalizar los deberes informativos exigidos para el despido colectivo para las medidas de flexibilidad interna.

2. ¿Un convenio colectivo puede definir las condiciones económicas, técnicas, organizativas o de producción que justifiquen la inaplicación de las condiciones de trabajo dentro de su ámbito de aplicación?

Sí. A modo de ejemplo, el artículo 65 del convenio colectivo estatal de centros de asistencia y educación infantil (cód. n.º 99005615011990) define la causa productiva para el descuelgue salarial en base a la pérdida de alumnado:

Centros con alumnos en edades comprendidas entre 3 y 6 años: 5% alumnos.

Centros con alumnos en edades comprendidas entre 0 y 3 años: 8% alumnos.

Centros con alumnos en edades comprendidas entre 0 y 6 años: 8% alumnos.

El propio convenio concreta que se tomará como referencia para el estableci-miento de este cómputo el alumnado matriculado en el mes de enero del ejercicio afectado por el descuelgue salarial, con relación al matriculado en el mismo mes del año anterior. A tal efecto la empresa presentará a la RLT los datos del alumna-do matriculado, recogidos en los documentos de organización del centro (DOC) o cualquier otro documento oficial acreditativo que el centro entrega cada curso académico a la administración competente.

5.
PROCEDIMIENTO PARA EL DESCUELGUE SALARIAL

Respetando cualquier aportación al procedimiento realizada por el convenio colectivo mediante cláusulas de inaplicación o descuelgue, será de aplicación en esta materia lo establecido en el apdo. 3 del art. 82 del Estatuto de los Trabajadores.

La modificación de las condiciones sustanciales de trabajo impuesta unilateralmente por el empresario, sin acudir a los procedimientos establecidos en el art. 82.3 del Estatuto de los Trabajadores, es considerada como infracción grave por el art. 7.6 de la LISOS.

5.1. Iniciación del procedimiento de descuelgue

5.1.1. Interlocutores sociales: comisión negociadora

La intervención como interlocutores ante la dirección de la empresa en el procedimiento de consultas ante modificaciones sustanciales de las condiciones de trabajo de carácter colectivo, sin perjuicio de los procedimientos específicos que puedan establecerse en la negociación colectiva, se regula en el art. 41.4 del ET (por remisión del art. 82.3).

La intervención como interlocutores ante la dirección de la empresa en el procedimiento de consultas corresponderá a las **secciones sindicales** cuando éstas así lo acuerden, siempre que tengan la **representación mayoritaria** en los comités de empresa o entre los delegados de personal de los centros de trabajo afectados, en cuyo caso representarán a todos los trabajadores de los centros afectados. El procedimiento se regirá por las siguientes **reglas**:

a) Si el procedimiento afecta a un **único centro de trabajo**, corresponderá al comité de empresa o a los delegados de personal. En el supuesto de que en el centro de trabajo no exista representación legal de los trabajadores, estos podrán optar por atribuir su representación para la negociación del acuerdo, a su elección, a una comisión de un máximo de tres miembros integrada por trabajadores de la propia empresa y elegida por éstos democráticamente o a una comisión de igual número de componentes designados, según su representatividad, por los sindicatos más representativos y representativos del sector al que pertenezca la empresa y que estuvieran legitimados para formar parte de la comisión negociadora del convenio colectivo de aplicación a la misma.

En el supuesto de que la negociación se realice con la comisión cuyos miembros sean designados por los sindicatos, el empresario podrá atribuir su representación a las organizaciones empresariales en las que estuviera integrado, pudiendo ser las mismas más representativas a nivel autonómico, y con independencia de la organización en la que esté integrado tenga carácter intersectorial o sectorial. (STS, rec. 95/2013, de 1 de abril de 2014, ECLI:ES:TS:2014:3066).

b) Si el procedimiento afecta a **más de un centro de trabajo**, la intervención como interlocutores corresponderá:

1. En primer lugar, al **comité intercentros**, siempre que tenga atribuida esa función en el convenio colectivo en que se hubiera acordado su creación.

2. En otro caso, a una **comisión representativa** que se constituirá de acuerdo con las siguientes reglas (en todos los supuestos contemplados en este apartado, si como resultado de la aplicación de las reglas indicadas anteriormente el número inicial de representantes fuese superior a trece, estos elegirán por y entre ellos a un máximo de trece, en proporción al número de trabajadores que representen):

   » 1.ª) Si todos los centros de trabajo afectados por el procedimiento cuentan con representantes legales de los trabajadores, la comisión estará integrada por estos.

   » 2.ª) Si alguno de los centros de trabajo afectados cuenta con representantes legales de los trabajadores y otros no, la comisión estará integrada únicamente por representantes legales de los trabajadores de los centros que cuenten con dichos representantes. Y ello salvo que los trabajadores de los centros que no cuenten con representantes legales opten por designar la comisión a que se refiere el párrafo a), en cuyo caso la comisión representativa estará integrada conjuntamente por representantes legales de los trabajadores y por miembros de las comisiones previstas en dicho párrafo, en proporción al número de trabajadores que representen. En el supuesto de que uno o varios centros de trabajo afectados por el procedimiento que no cuenten con representantes legales de los trabajadores opten por no designar la comisión del párrafo a), se asignará su representación a los representantes legales de los trabajadores de los centros de trabajo afectados que cuenten con ellos, en proporción al número de trabajadores que representen.

» 3.ª) Si ninguno de los centros de trabajo afectados por el procedimiento cuenta con representantes legales de los trabajadores, la comisión representativa estará integrada por quienes sean elegidos por y entre los miembros de las comisiones designadas en los centros de trabajo afectados conforme a lo dispuesto en el párrafo a), en proporción al número de trabajadores que representen.

RESOLUCIÓN RELEVANTE

STSJ de Aragón, rec. 358/2023, de 19 de junio del 2023, ECLI:ES:TSJAR:2023:790

Tal y como establece el art. 41.4 del ET la legitimación para negociar corresponde con carácter prioritario a las secciones sindicales cuando estas así lo acuerden, siempre que tengan la representación mayoritaria en los comités de empresa o entre los delegados de personal de los centros de trabajo afectados, en cuyo caso representarán a todos los trabajadores de los centros afectados , y únicamente si no se dan dichos requisitos, esto es si no existen secciones sindicales, éstas no actúen como tales, o no tengan la representación mayoritaria en los comités de empresa o entre los delegados de personal de los centros de trabajo afectados, es cuando se procederá de la forma establecida en el apartado b), al tratarse de empresa con varios centros de trabajo.

JURISPRUDENCIA

STS n.º 706/2019, de 10 de octubre, ECLI: ES:TS:2019:3652

Válida negociación de modificación sustancial de condiciones de trabajo de carácter colectivo directamente con la plantilla en empresa sin representantes legales de los trabajadores. Es válida la negociación con la totalidad de la plantilla, que voluntariamente opta por no designar la comisión representativa ad hoc del art. 41.4 del ET. Los trabajadores no actúan en la negociación a título individual, sino con carácter colectivo en los mismos términos y en sustitución de aquella comisión. Al acuerdo así alcanzado con la empresa por mayoría, se le debe atribuir la misma eficacia prevista para el que pudiere haberse conseguido con dicha comisión. (Se aplica STS, rec. 287/2014, de 23 de marzo de 2015, ECLI:ES:TS:2015:1912).

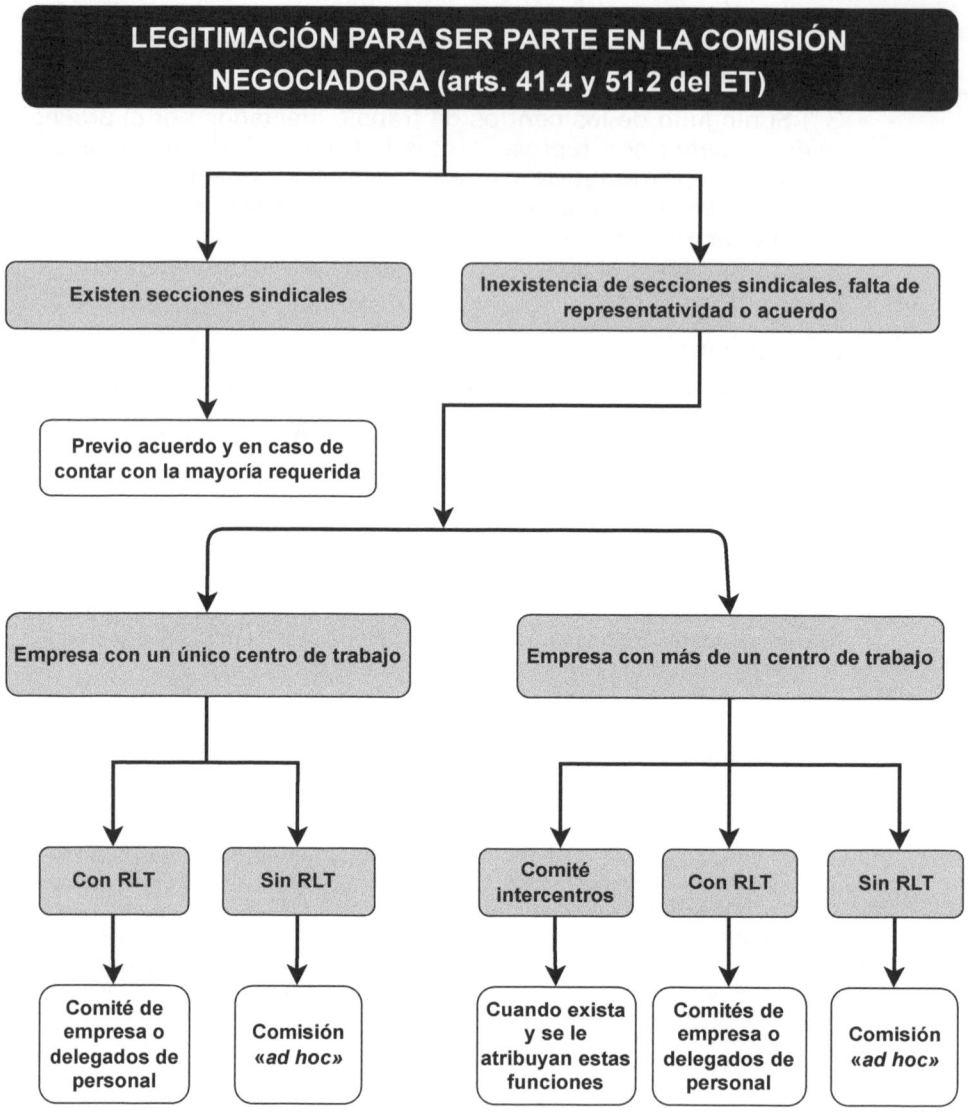

Comisión *ad hoc* representativa de los trabajadores

Cuando las personas trabajadoras carezcan de las formas institucionalizadas de representación colectiva (tanto de la unitaria como de la sindical), el art. 41.4.a) del ET (y arts. 40.2, 51.2, 47.1 y 82.3 del ET y 26 RD 1483/2012), permiten, con carácter supletorio, la designación de una *comisión ad hoc.*

De esta forma, como ya hemos visto en el apartado anterior, en las empresas sin representación legal de los trabajadores, éstos pueden elegir entre atribuir su representación para la negociación del acuerdo, a su elección, a una comisión de un máximo de tres miembros integrada por trabajadores de la propia empresa y elegida por estos democráticamente o a una comisión de igual número de componentes designados, según su representatividad, por los sindicatos más representativos y representativos del sector al que pertenezca la empresa y que estuvieran legitimados para formar parte de la comisión negociadora del convenio colectivo de aplicación a la misma.

En este caso la limitación numérica —tres miembros— que la ley dispone para la comisión *ad hoc*, tiene el objetivo de favorecer la fluidez en las negociaciones a la par que muy posiblemente también persiguiese procurar una cierta equiparación entre las partes en el periodo de consultas, habida cuenta de que se trata de pequeñas empresas [por ello los trabajadores no tienen tan siquiera representación legal] y es muy presumible que la empleadora acuda a negociar con escaso personal de asesoramiento [si es que le acompaña alguno]. No obstante, la STS n.º 706/2019, de 10 de octubre de 2019, ECLI:ES:TS:2019:3652, ha validado la negociación con toda la plantilla (16 trabajadores), que opta por no designar comisión representativa.

> **JURISPRUDENCIA**
>
> **STS, rec. 287/2014, 23 de marzo de 2015, ECLI:ES:TS:2015:1912**
>
> *«(...) desde el momento en que la empresa acepta negociar con la totalidad de los trabajadores, pese a que la ley le facultaba para exigir una comisión limitada a tres miembros y le autorizaba para continuar el procedimiento sin interlocutores para el caso de aquella comisión no fuese elegida, mal puede rechazarse la validez de las reuniones llevadas a cabo por los propios trabajadores y no por los tres representantes que pudieran haber sido comisionados, habida cuenta de que es insostenible -en el campo de la representación voluntaria- negar validez a los que se negocia 'in propio nomine' y sólo atribuírsela a la hecha por otro 'in alieno nomine'; tal posibilidad únicamente existe en el ámbito de la representación legal, que el Derecho del Trabajo concreta en los numerosos preceptos que se remiten a la representación legal -unitaria y sindical-, y en los que la correspondiente actuación no puede ser llevada a cabo por los propios trabajadores afectados, sino -muy comprensiblemente- por sus representantes institucionales, más cualificados para ello que los propios afectados en las específicas materias para las que la establece.*
>
> *De todas formas conviene aclarar que lo precedentemente razonado no significa que la Sala dé carta de naturaleza a la voluntad de las partes para libremente sustituir la legal comisión ad hoc por la negociación directa de los trabajadores, sino tan sólo que las concretas circunstancias de caso [no excesivo número de trabajadores afectados; voluntad unánime de los mismos para negociar personalmente los despidos; allanamiento de casi la mitad de los trabajadores...],. nos llevan a excluir que tal defecto pueda comportar la consecuencia que le atribuye la decisión recurrida».*

Plazo para la designación de la comisión y consecuencias de su ausencia

La comisión representativa de los trabajadores deberá quedar constituida con carácter previo a la comunicación empresarial de inicio del procedimiento de consultas. A estos efectos, la dirección de la empresa deberá comunicar de manera fehaciente a los trabajadores o a sus representantes su intención de iniciar el procedimiento de modificación sustancial de condiciones de trabajo. El plazo máximo para la constitución de la comisión representativa será de **siete días** desde la fecha de la referida comunicación, salvo que alguno de los centros de trabajo que vaya a estar afectado por el procedimiento no cuente con representantes legales de los trabajadores, en cuyo caso el plazo será de **quince días.**

Transcurrido el plazo máximo para la constitución de la comisión representativa, la dirección de la empresa podrá comunicar el inicio del periodo de consultas a los representantes de los trabajadores.

La falta de constitución de la comisión representativa no impedirá el inicio y transcurso del periodo de consultas, y su constitución con posterioridad al inicio del mismo no comportará, en ningún caso, la ampliación de su duración.

5.1.2. Comunicación escrita y su contenido de mínimos

El procedimiento se iniciará por **comunicación escrita por parte de la empresa del inicio del periodo de consultas a la representación legal de los trabajadores** (los convenios, que no la normativa general, suelen establecer obligación de comunicación a la comisión paritaria del convenio del inicio de las consultas, de entrega de copia de la comunicación a la representación legal de los trabajadores, etc.).

A la comunicación de inicio del periodo de consultas se acompañará la **documentación acreditativa** de la concurrencia de las causas de inaplicación alegadas por la Dirección de la empresa. Dicha documentación (aquí nuevamente adquiere especial relevancia lo establecido por negociación colectiva) será —con carácter general y teniendo en cuenta las especificaciones realizadas sobre la acreditación de las causas— la siguiente:

1. **Memoria explicativa** que comprenda las siguientes cuestiones:

- Detalle de las medidas propuestas.

- Justificación de las causas económicas, técnicas, organizativas o productivas que motivan el procedimiento.

- Los objetivos que se pretenden alcanzar.

- Incidencia estimada de las medidas propuestas sobre la marcha económica de la Empresa y consecuencias que pudieran derivarse en el supuesto de no adoptarse las mismas.

- Otras medidas que se proponen para atenuar las consecuencias de la inaplicación en los trabajadores afectados.

2. **Informe técnico** sobre la situación económica y financiera de la empresa, que podrá ser emitido por técnicos independientes externos a la empresa o por responsables de la empresa. Este informe se acompañará de la documentación precisa (balances, cuentas de resultados, declaración impuesto de sociedades y, en su caso, informe de auditores).

Ante el silencio normativo sobre el contenido concreto de la notificación inicial, se recomienda aportar un desglose justificado de:

- Las causas (económicas, técnicas, organizativas o de producción) que justifican la medida pretendida junto con la siguiente documentación:
- Las condiciones de trabajo previstas en el convenio colectivo aplicable cuyo descuelgue se pretende.
- La propuesta de nuevas condiciones de trabajo aplicables en la empresa y su duración.
- Las personas trabajadoras o centros de trabajo afectados.

Los representantes de los trabajadores están obligados a tratar y mantener en la mayor reserva la información recibida y los datos a que se hayan tenido acceso como consecuencia de lo establecido en los párrafos anteriores, observando, por consiguiente, respecto de todo ello, sigilo profesional.

5.2. Período de consultas

El período de consultas ha de realizarse bajo una verdadera voluntad de diálogo, procurando la consecución del acuerdo respecto de todas y cada una de las circunstancias que afecten a la medida propuesta, habiéndose defendido que no puede admitirse que dicho periodo se limite a una mera comunicación escrita por parte de la empresa, a un mero cambio de pareceres o a una mera propuesta, sino que la misma debe ir acompañada de una precisa, concreta y amplia documentación que posibilite una negociación real, pudiendo concluirse que el deber de negociar de buena fe, impuesto por el art. 41.4 del ET, obliga a la empresa a cumplimentar adecuadamente el preceptivo período de consultas, facilitando a la representación de los trabajadores la información y documentación necesaria y planteando en abierta y leal negociación la naturaleza, necesidad y justificación de las modificaciones sustanciales de condiciones de trabajo que pretende introducir. (SAN, rec. 3831/2011, de 27 de julio de 2011).

5.2.1. Duración y claves de obligado conocimiento para su desarrollo

Durante el periodo de consultas, que tendrá una **duración máxima de quince días naturales** desde la fecha de comunicación de inicio del citado periodo a la comisión paritaria, las partes deberán negociar de buena fe con vistas a la consecución de un acuerdo.

La duración del periodo de consultas podrá ampliarse siempre que exista acuerdo entre la dirección de la empresa y la representación legal de los trabajadores (a pesar de que no se establece resulta conveniente consignar el acuerdo de ampliación por escrito en acta).

El periodo de consultas versará, entre otras cuestiones, sobre las causas motivadoras de la decisión empresarial, su entidad y alcance. En dicho periodo la dirección de la empresa deberá acreditar que las causas alegadas son ciertas y las medidas propuestas justificadas, proporcionales y contribuyen fehacientemente a mejorar la situación de la empresa y al mantenimiento del empleo.

CAUSAS	Cuando concurran causas económicas, técnicas, organizativas o de producción, por acuerdo entre la empresa y los representantes de los trabajadores, a inaplicar en la empresa las condiciones de trabajo previstas en el convenio colectivo aplicable, sea este de sector o de empresa, que afecten a las siguientes materias: a) Jornada de trabajo; b) Horario y distribución del tiempo de trabajo; c) Régimen de trabajo a turnos; d) Sistema de remuneración y cuantía salarial; e) Sistema de trabajo y rendimiento; f) Funciones, cuando excedan de los límites que para la movilidad funcional prevé el art. 39 del ET; g) Mejoras voluntarias de la acción protectora de la Seguridad Social.
DURACIÓN	No superior a quince días.
ASUNTO	Las posibilidades de evitar o reducir la inaplicación en la empresa de las condiciones de trabajo previstas en el convenio colectivo y sus consecuencias. Así como la duración y consecuencias de las medidas adoptadas.
INTERVENCIÓN COMO INTERLOCUTORES ANTE LA DIRECCIÓN DE LA EMPRESA	Corresponde a los sujetos indicados en el apdo. 4 del art. 41 del ET, en el orden y condiciones señalados en el mismo.
COMUNICACIÓN/ ACTUACIÓN AUTORIDAD LABORAL	El resultado de los procedimientos a que se refieren los párrafos anteriores que haya finalizado con la inaplicación de condiciones de trabajo deberá ser comunicado a la autoridad laboral a los solos efectos de depósito.
NOTIFICACIÓN A LOS TRABAJADORES	El acuerdo deberá ser notificado a la comisión paritaria del convenio colectivo.

ACTUACIÓN DEL TRABAJADOR ANTE LA MEDIDA ACORDADA	- Periodo de consultas finalizado con acuerdo: • a) Impugnación solo por la existencia de fraude, dolo, coacción o abuso de derecho en su conclusión. • b) El trabajador podrá rescindir su contrato y percibir una indemnización de veinte días de salario por año de servicio prorrateándose por meses los periodos inferiores a un año y con un máximo de nueve meses. - Periodo de consultas finalizado sin acuerdo: • Cualquiera de las partes podrá someter la solución de la misma a la Comisión Consultiva Nacional de Convenios Colectivos cuando la inaplicación de las condiciones de trabajo afectase a centros de trabajo de la empresa situados en el territorio de más de una comunidad autónoma, o a los órganos correspondientes de las comunidades autónomas en los demás casos.
PECULIARIDADES	• El acuerdo alcanzado deberá determinar con exactitud las nuevas condiciones de trabajo aplicables en la empresa y su duración, que no podrá prolongarse más allá del momento en que resulte aplicable un nuevo convenio en dicha empresa. • El acuerdo de inaplicación no podrá dar lugar al incumplimiento de las obligaciones establecidas en convenio relativas a la eliminación de las discriminaciones por razones de género o de las que estuvieran previstas, en su caso, en el plan de igualdad aplicable en la empresa. • En caso de desacuerdo durante el periodo de consultas cualquiera de las partes podrá someter la discrepancia a la comisión del convenio, que dispondrá de un plazo máximo de siete días para pronunciarse, a contar desde que la discrepancia le fuera planteada.

5.2.2. Negociación de buena fe y acta de las reuniones realizadas

El Estatuto de los Trabajadores establece la obligación de realizar un periodo de consultas con los representación legal de los trabajadores en la empresa ante distintos procedimientos (movilidad geográfica, modificaciones sustanciales de condiciones de trabajo, sucesión de empresa, despido colectivo, o para inaplicar en la empresa las condiciones de trabajo previstas en convenio colectivo), entre los que se incluye la inaplicación de las condiciones de convenio. Durante este período de consultas, **se exige a las partes negociar de buena fe con vistas a la consecución de un acuerdo**.

En el marco de la obligación legal de negociación de buena fe, ha de incluirse el deber de la empresa de ofrecer a la representación de los trabajadores la información necesaria sobre la medida y sus causas, no obstante, no existe imposición formal alguna al respecto, *«bastando con que se produzca el intercambio efectivo de información»*. (STS, rec. 52/2014, de 23 de septiembre de 2014, ECLI:ES:TS:2014:4973).

Tanto la jurisprudencia española como la comunitaria han otorgado al período de consultas un auténtico contenido de fondo, sin que se contemple como un mero trámite formal previo a la decisión empresarial modificativa. Así se ha señalado que no se trata *«de una simple dilatación en el tiempo de la materialización de las modificaciones, pues con ello se eleva el rango de la intervención de los representantes de los trabajadores a la categoría de negociación colectiva y se establecen cargas reales a las partes para que este período tenga contenido efectivo».* O dicho de otro modo, *«la voluntad del legislador no es la de introducir una mera declaración programática, sino un auténtico deber jurídico, del que derivarían específicas consecuencias jurídicas en caso de incumplimiento del mismo».* Es decir, lo que impone el legislador es un debe de negociar, pero no la obligación de llegar a un acuerdo. (STSJ de la Comunidad Valenciana n.° 1456/2008, de 8 de mayo, ECLI:ES:TSJCV:2008:2304).

Sobre la exigencia de negociar de buena fe en el marco del periodo de consultas previo, existe una consolidada **doctrina jurisprudencial** (STS, rec. 158/2013, de 26 de marzo de 2014, ECLI:ES:TS:2014:2031, votos particulares; STS, rec. 236/2011, de 16 de noviembre de 2012, ECLI:ES:TS:2012:7790), habiéndose interpretado:

- La expresión legal ofrece innegable generalidad, al no hacerse referencia alguna a las obligaciones que el deber comporta y (menos) a las conductas que pudieran vulnerarlo. Pero, en la configuración del mismo no cabe olvidar:
  - » Que la previsión legal no parece sino una mera especificación del deber general de buena fe que corresponde al contrato de trabajo (como a todo contrato: art. 1258 del CC) y que en el campo de la negociación colectiva especifica el art. 89.1 del ET (*«ambas partes estarán obligadas a negociar bajo el principio de la buena fe»*).
  - » Desde el momento en que el art. 51 del ET instrumenta la buena fe al objetivo de «la consecución de un acuerdo» y que el periodo de consultas *«deberá versar, como mínimo, sobre las posibilidades de evitar o reducir los despidos colectivos y de atenuar sus consecuencias mediante el recurso a medidas sociales de acompañamiento»*, está claro que la buena fe que el precepto exige es una buena fe negocial».* (STS, rec. 78/2012 de 27 de mayo de 2013, ECLI:ES:TS:2013:4017).

- Aun referido a un supuesto de periodo de consultas en un procedimiento de modificación sustancial de condiciones de trabajo, se afirma que «*se evidencia la trascendencia que el Legislador quiere dar al período de consultas (...) configurándolo no como un mero trámite preceptivo, sino como una verdadera negociación colectiva, entre la empresa y la representación legal de los trabajadores, tendente a conseguir un acuerdo, que en la medida de lo posible, evite o reduzca los efectos de la decisión empresarial, así como sobre las medidas necesarias para atenuar las consecuencias para los trabajadores de dicha decisión empresarial, negociación que debe llevarse a cabo por ambas partes de buena fe*».

Por parte de la doctrina comunitaria se ha defendido que el período de consultas constituye propiamente una manifestación de la negociación colectiva (STJUE n.º C?201/15, de 21 de diciembre de 2016). (SAN n.º 43/2018, de 13 de marzo, ECLI:ES:AN:2018:1259).

En el marco de esa obligación de negociación de buena fe han de incluirse el **análisis** (STSJ de Cataluña n.º 6256/2015, de 21 de octubre, ECLI:ES:TSJCAT:2015:10203 y STS, rec. 249/2013, de 21 de mayo de 2014, ECLI:ES:TS:2014:3324):

- Del deber de la empresa de ofrecer a la representación de los trabajadores la información necesaria sobre la medida y sus causas. En este punto ha de tenerse en cuenta que no hay en el texto legal imposición formal alguna al respecto, bastando con que se produzca el intercambio efectivo de información.

- Del alcance de la posición empresarial y la manera en la que discurren las negociaciones. Dado que la carencia de buena fe está ligada a la ausencia de un verdadero periodo de consultas, no podemos considerar existencia de mala fe cuando se cumplen los deberes de información, se producen numerosas reuniones y hay variación sobre las iniciales de la empresa; por el contrario, ha de apreciarse la falta de buena fe cuando se da la doble circunstancia de la falta de información a la representación de los trabajadores y el mantenimiento a ultranza de la posición empresarial desde el inicio.

La mala fe durante el periodo de negociación acarrea la declaración de nulidad del despido, a tenor de lo establecido en el art. 124.11 de la LRJS, ya que supone un vicio grave en la misma y equivale a su inexistencia. (STS n.º 861/2018, de 25 de septiembre de 2018. ECLI:ES:TS:2018:3463).

Registro de las reuniones durante el periodo de consultas

El registro de las reuniones durante el periodo de consultas se realiza mediante la elaboración de actas de cada reunión. Las actas de las reuniones deben reflejar fielmente lo discutido y acordado en cada sesión, y su firma por todos los asistentes garantiza la veracidad y conformidad de lo registrado.

El propósito de esta acta es:

- **Documentar la solicitud de inaplicación:** formaliza la solicitud de la empresa para modificar ciertas condiciones del convenio colectivo.

- **Registrar el período de consultas:** documenta la negociación y el intercambio de información entre la empresa y los representantes de los trabajadores.

- **Reflejar los argumentos de ambas partes:** detalla los argumentos económicos, técnicos, organizativos o de producción que la empresa presenta para justificar la inaplicación, así como las respuestas y consideraciones de los representantes de los trabajadores.

- **Registrar el resultado de la negociación:** indica si se ha llegado a un acuerdo sobre la inaplicación, o si se mantiene el desacuerdo, y en qué condiciones.

Con carácter general, el acta debe incluir la siguiente información:

- Fecha, hora y lugar de la reunión.

- Asistentes a la reunión (empresa y representantes de los trabajadores).

- Solicitud de inaplicación detallada, con las razones y condiciones específicas.

- Período de consultas y documentos presentados.

- Argumentos de ambas partes.

- Acuerdo o desacuerdo alcanzado, con las condiciones de inaplicación en caso de acuerdo.

- Firmas de los asistentes. Estas actas deben ser firmadas por todos los asistentes, tal como lo establece el artículo 20 del Real Decreto 1483/2012, de 29 de octubre.

CUESTIONES

1. ¿Cómo se acredita el desarrollo del período de consultas?

Mediante las actas de las reuniones celebradas en las que consten por escrito las propuestas y posición de la otra parte que da lugar a la discrepancia.

2. ¿Qué es necesario para demostrar la existencia de una verdadera negociación por parte empresarial?

En la STS, rec. 3/2013, de 25 de septiembre de 2013, ECLI:ES:TS:2013:6391, se debate acerca de la existencia de una verdadera voluntad empresarial negociadora, resolviendo con arreglo al particular relato fáctico del caso enjuiciado y concluyendo que en el caso, al existir propuestas concretas por parte de la empleadora y constando celebradas cinco reuniones, no puede apreciarse la inexistencia de negociación.

Aun cuando en el precepto legal no se impone un número mínimo de reuniones ni un contenido concreto de las mismas, habrá de estarse a la efectiva posibilidad de que los representantes legales sean convocados al efecto, conozcan la intención empresarial, y puedan participar en la conformación de la misma, aportando sus propuestas o mostrando su rechazo. Un proceso realmente negociador exige una dinámica de propuestas y contrapropuestas, con voluntad de diálogo y de llegar a un acuerdo, lo que obliga a la empresa, como beneficiaria de las modificaciones sustanciales de las condiciones de trabajo de sus empleados e iniciadora del proceso, no sólo a exponer la características concretas de las modificaciones que pretende introducir, su necesidad y justificación, sino que también, en el marco de la obligación de negociar de buena fe, debe facilitar de manera efectiva a los representantes legales de los trabajadores la información y documentación necesaria, incumbiendo igualmente a la empresa la carga de la prueba de que –como acertadamente señala la resolución de instancia– ha mantenido tales negociaciones en forma hábil y suficiente para entender cumplimentados los requisitos expuestos, pues de no ser así, se declarará nula la decisión adoptada (STS, rec. 173/2010, 30 de junio de 2011, ECLI:ES:TS:2011:5459).

Sobre este punto, la STS, rec. 90/2008, de 5 de junio de 2009, ECLI:ES:TS:2009:4804 rechaza que se hubiera producido la apertura del periodo de consultas, en base a la conducta de la empresa consistente en la mera comunicación por parte de la empresa del calendario «con la simple advertencia de que de no recibir sugerencias en un determinado plazo se impondría como definitivo, como así ocurrió».

«No se puede entender que hubiera una verdadera negociación, presidida por el principio de buena fe art 20 del RD 1483/2012, de 29 de octubre, por el que se aprueba el Reglamento de los procedimientos de despido colectivo y de suspensión de contratos y reducción de jornada cuando no consta que se hubiera aportado la documentación que los artículos 17 y 18 que la citada norma exige, pues la memoria que se aporta carece de firma, fecha y sello alguno».

«El motivo del recurso debe de ser desestimado y ello porque quien debe de probar que concurre la causa económica alegada tal y como se define en el art. 47.1 del ET es la empresa. Y de los hechos declarados probados en la sentencia recurrida, a los que debemos de estar al no haber sido impugnados, no consta la existencia de una situación económica negativa ni una disminución persistente en los niveles de ingresos ordinarios o ventas, sin que pueda presumirse que concurre tal causa justificativa al no haber finalizado el periodo de consultas con acuerdo». (STSJ de Madrid n.º 627/2017, de 14 de junio de 2017, ECLI:ES:TSJM:2017:6413).

5.2.3. Alternativas durante el proceso: sustitución del periodo de consultas por el procedimiento de mediación o arbitraje

Los conflictos derivados de las discrepancias surgidas durante la negociación entre empresa y representación legal de los trabajadores de acuerdos de inaplicación de determinadas condiciones de trabajo pactadas en los convenios colectivos sectoriales, cuando dichos convenios contemplen su inaplicación negociada serán susceptibles de someterse a los procedimientos previstos en el acuerdo sobre solución autónoma de conflictos laborales. (art. 4 del ASEC V).

Las partes negociadoras, en cualquier momento, podrán acordar la **sustitución del periodo de consultas por los procedimientos de solución de conflictos laborales regulados en el convenio**, siendo necesario concretar:

- Las **cláusulas de descuelgue** pueden imponer requisitos para aplicar esta opción como el acuerdo expreso de la Dirección de la Empresa y Representación Legal de los Trabajadores, la clara voluntad de las partes de sustituir el periodo de consultas, el sometimiento voluntario u obligatoria al procedimiento de mediación o al de arbitraje, etc.

- En caso de desacuerdo durante el período de consultas cualquiera de las partes podrá someter la **discrepancia a la comisión del convenio,** que dispondrá de un plazo máximo de siete días para pronunciarse, a contar desde que la discrepancia le fuera planteada.

- Cuando no se hubiera solicitado la intervención de la comisión o ésta no hubiera alcanzado un acuerdo, las partes deberán recurrir a los **procedimientos que se hayan establecido en los acuerdos interprofesionales de ámbito estatal o autonómico,** previstos en el art. 83 del ET, para solventar de manera efectiva las discrepancias surgidas en la negociación de los acuerdos a que se refiere este apartado, incluido el compromiso previo de someter las discrepancias a un arbitraje vinculante, en cuyo caso el laudo arbitral tendrá la misma eficacia que los acuerdos en período de consultas y sólo será recurrible conforme al procedimiento y en base a los motivos establecidos en el art. 91 del ET.

SUSTITUCIÓN DEL PERIODO DE CONSULTAS POR EL PROCEDIMIENTO DE MEDIACIÓN O ARBITRAJE

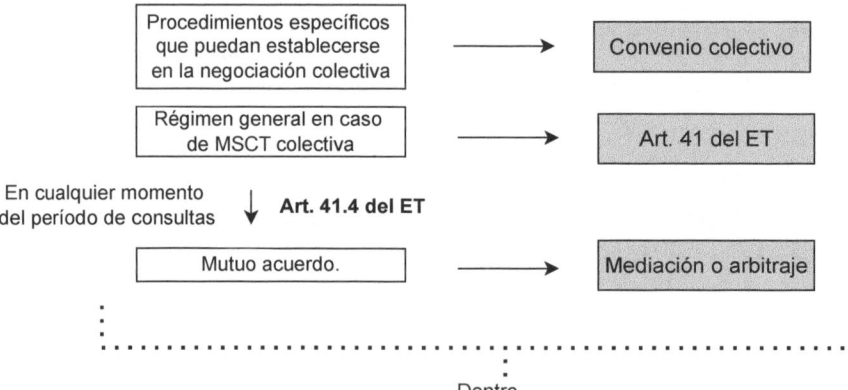

Conflictos derivados de discrepancias surgidas en el período de consultas para la modificaciones sustanciales de condiciones de trabajo:

Procedimientos específicos que puedan establecerse en la negociación colectiva → Convenio colectivo

Régimen general en caso de MSCT colectiva → Art. 41 del ET

En cualquier momento del período de consultas ↓ Art. 41.4 del ET

Mutuo acuerdo. → Mediación o arbitraje

Dentro
del plazo máximo señalado para el periodo de consultas (15 días)

5.2.3.1. Procedimiento de arbitraje

Mediante el procedimiento de arbitraje, las partes acuerdan voluntariamente encomendar a un tercero y aceptar de antemano la solución que éste dicte sobre el conflicto o cuestión suscitada. Lo que supone necesariamente la manifestación expresa de voluntad de ambas partes de someterse al laudo arbitral que tendrá carácter de obligado cumplimiento.

Las partes podrán promover el arbitraje sin necesidad de acudir previamente al procedimiento de mediación, o hacerlo con posterioridad a su agotamiento o durante su transcurso, teniendo en cuenta (arts. 13.8, 17.3 y 18.5 del ASEC V):

En todo caso, las partes podrán acordar someterse voluntariamente al procedimiento de arbitraje sin necesidad de acudir al trámite de mediación. De la misma forma, las partes pueden habilitar, desde un principio o durante el procedimiento de mediación, a uno de los mediadores o mediadoras para que arbitre todas o algunas de las materias objeto de controversia.

La persona o personas mediadoras formularán propuestas para la solución del conflicto o la prevención del mismo, que podrán incluir el sometimiento de las discrepancias a arbitraje. Las partes aceptarán o rechazarán de manera expresa las propuestas formuladas, teniéndose por no realizadas si no fueran aceptadas.

El acuerdo de las partes de someter la cuestión a arbitraje finaliza el procedimiento de mediación, levantándose por el letrado o letrada la correspondiente acta de transformación del procedimiento de mediación en un procedimiento arbitral.

A TENER EN CUENTA. Las partes pueden instar en cualquier momento a la persona encargada de llevar a cabo el arbitraje para que desarrolle, previamente a su actuación como tal, funciones de mediación.

Una vez formalizado el compromiso arbitral las partes se abstendrán de instar otros procedimientos sobre cualquier cuestión o cuestiones sometidas al arbitraje, así como de recurrir a la huelga o cierre patronal.

El arbitraje será obligatorio para la renovación de un convenio colectivo denunciado, cuando así se haya establecido de forma expresa en el mismo, una vez superados los plazos máximos de negociación recogidos en el propio convenio colectivo sin haberse alcanzado acuerdo. (STSJ de Madrid, rec. 6057/2010, de 2 de febrero de 2011, ECLI:ES:TSJM:2011:354).

Sujetos legitimados para solicitar el arbitraje

El artículo 19 del ASEC V establece que están legitimados para solicitar el procedimiento arbitral aquellos sujetos que se mencionan en el artículo 13 del Acuerdo, es decir, aquellos que tengan capacidad para promover conflictos colectivos. En situaciones donde un convenio colectivo prevea el arbitraje, los sujetos mencionados en dicho acuerdo estarán facultados para iniciarlo.

Solicitud del arbitraje

La promoción del procedimiento se formaliza a través de la presentación de un escrito ante el Servicio Interconfederal de Mediación y Arbitraje (SIMA), como se detalla en el artículo 20 del ASEC V. Este escrito debe contener: la identificación de las partes, las cuestiones específicas sobre las que versará el arbitraje, el compromiso de aceptación de la decisión arbitral, y el plazo en que se debe dictar el laudo, entre otros. Además, deberán enviarse copias del compromiso a la Secretaría del SIMA y a la autoridad laboral competente.

Desarrollo del procedimiento arbitral

El artículo 21 del ASEC V regula el desarrollo de este procedimiento. El árbitro comenzará su actividad inmediatamente después de su designación. Las partes tienen la posibilidad de solicitar comparecencias y presentar documentación complementaria. Durante el procedimiento, se levantará acta certificada de las sesiones, y el árbitro o árbitros deben comunicar a las partes la resolución adoptada dentro del plazo fijado en el compromiso arbitral. Este plazo no debe exceder de diez días hábiles, aunque puede ampliarse excepcionalmente hasta cuarenta días por razones justificadas.

Eficacia del laudo arbitral

Según el artículo 22 del ASEC V, el laudo arbitral, siempre que cumpla con los requisitos de legitimación, tendrá la misma eficacia que un acuerdo tras el período de consultas estipulados en la ley y es objeto de registro y publicación en el SIMA. La decisión arbitral también excluye cualquier otro procedimiento o demanda sobre la materia resuelta y solo podrá ser recurrida según lo señalado en la legislación correspondiente.

El laudo arbitral podrá ser recurrido en los términos y plazos establecidos en los artículos 65.4 y 163.1 de la Ley Reguladora de la Jurisdicción Social.

La resolución arbitral, siempre que se den los requisitos de legitimación legalmente establecidos, tendrá la misma eficacia que lo pactado en el acuerdo tras el periodo de consulta al que se refieren los artículos 40, 41, 44.9, 47, 51 y 82.3 del texto refundido de la Ley del Estatuto de los Trabajadores y 176.2 del texto refundido de la Ley Concursal. En los demás conflictos laborales tendrá la misma eficacia que lo pactado en convenio colectivo y será objeto de depósito, registro y publicación en los términos previstos en el artículo 90 del texto refundido de la Ley del Estatuto de los Trabajadores.

En su caso, poseerá los efectos de sentencia firme de acuerdo con lo dispuesto en el artículo 68 de la Ley Reguladora de la Jurisdicción Social.

El laudo arbitral excluye cualquier otro procedimiento, demanda de conflicto colectivo o huelga sobre la materia resuelta y en función de su eficacia.

JURISPRUDENCIA

STS, rec. 133/2006, de 26 de diciembre de 2007, ECLI:ES:TS:2007:907

«Como ya se ha expuesto, el laudo arbitral dictado, lo fue al amparo de la disposición transitoria sexta del Estatuto de los Trabajadores , norma que ordena que en caso de falta de acuerdo en la negociación, la comisión (Consultiva Nacional de Convenios Colectivos) podrá acordar someter la solución de la controversia a un arbitraje. Es éste, en principio, un arbitraje obligatorio cuya legitimidad dentro del

marco constitucional es manifestación de la necesidad de resolver el estado excepcional que se produce como consecuencia de la confluencia de tres elementos:

a) necesidad de poner fin al ya lento proceso de derogación de las Ordenanzas Laborales. Estas normas fueron instrumento idóneo en un sistema de relaciones laborales en el que el derecho a la negociación colectiva aparecía negado en principio, y posteriormente restringido en la medida en que, aun siendo posible, no se reconocía la libertad sindical. Pero tal forma de regulación de la relación de trabajo, es conceptualmente incompatible con el sistema de relaciones laborales preconizado y protegido por la Constitución, al garantizar el derecho de la negociación colectiva en el ámbito laboral (artículo 37.1), al tiempo que se reconoce el derecho de libertad sindical, por lo que la derogación de las ordenanzas era obligada para el total desarrollo del marco constitucional de relaciones laborales.

b) Falta de regulación (cobertura) en los convenios colectivos de un sector determinado, de derechos y obligaciones desarrollados hasta el presente en la correspondiente Ordenanza que ha quedado derogada, circunstancia constatada por la Comisión Consultiva Nacional de Convenios Colectivos de participación institucional, sindical y empresarial.

c) Necesidad absoluta de cubrir el vacío normativo que se produce, una vez fracasadas las negociaciones que precedieron a la decisión de someter las discrepancias al arbitraje. Este conjunto de circunstancias, de carácter excepcional, legitiman este arbitraje, pues recuérdese que la Sentencia del Tribunal Constitucional de 8 abril 1981 proscribía el arbitraje obligatorio establecido en el artículo 25, b) del Real Decreto-ley de 4 marzo 1977 por no concurrir los elementos justificativos de la restricción que al derecho de negociación pueden establecerse sin afectar al contenido constitucional del artículo 37 de la Constitución . En el caso de los laudos como el enjuiciado en el presente supuesto -amparados en el mandato de la disposición transitoria sexta del Estatuto de los Trabajadores - resulta patente la existencia de esos elementos justificativos de la restricción del derecho de negociación colectiva. Derecho que, como todos, ha de tener unos límites racionales. Llegada a la conclusión expuesta, es evidente que el laudo emitido en cumplimiento de tal forma de arbitraje ha de tener forzosamente la eficacia jurídica de los Convenios Colectivos, como, por otra parte se deduce del artículo 91 del Estatuto de los Trabajadores.

Conclusión que, en el caso de autos, aparece reforzada por el hecho de haber sido aceptado por ambas partes el que se realizara arbitraje y el nombre del árbitro, hecho determinante de que este arbitraje, obligatorio en su inicio, adquiriera perfiles característicos del voluntario. Y el propio precepto estatutario referido señala que los laudos serán susceptibles de impugnación por los motivos y conforme a los procedimientos previstos para los Convenios Colectivos. Se llega así a la conclusión que el proceso de impugnación de convenios colectivos, regulado en los artículos 161 a 164 de la Ley de Procedimiento Laboral , es el idóneo para la tramitación de estos litigios y siendo así que el laudo dictado afecta a todo el territorio del Estado, la competencia funcional viene atribuida a la Sala de lo Social de la Audiencia Nacional».

SAN n.º 122/2012, de 2 de noviembre de 2012, ECLI:ES:AN:2012:4277

«Parece, pues, que el laudo dictado en un arbitraje obligatorio conforme al art. 10 del Decreto-Ley 17/1977 , no se enmarca estrictamente en el art. 86.3 ET ni en el art. 91 ET , puesto que no deriva de un acuerdo interprofesional ni de un convenio. Sin embargo, según la letra del art. 163.1 LRJS, lo que caracteriza al laudo impugnable no es su procedencia, sino que, en efecto, venga a sustituir a un convenio colectivo, y en el caso que nos ocupa ello sucede esencialmente».

5.2.3.2. Procedimiento de mediación

El procedimiento de mediación es una modalidad de solución extrajudicial de conflictos laborales, donde las partes (trabajadores y empresarios) establecen un proceso para resolver sus diferencias de manera amistosa. La mediación es obligatoria en determinados casos, siendo esencial que al menos una de las partes la solicite. Se aplica a conflictos que podrían desembocar en demandas ante la jurisdicción laboral, y sustituye la conciliación administrativa previa.

La mediación será preferentemente unipersonal, aunque las partes pueden optar por un órgano colegiado de mediadores. La confidencialidad es fundamental, y no existe una tramitación preestablecida, salvo la designación del mediador y la formalización de acuerdos.

JURISPRUDENCIA

STS, rec. 4446/2011, de 29 de julio de 2013, ECLI:ES:TS:2013:4482

El procedimiento de mediación desarrollado conforme a este Acuerdo sustituye el trámite obligatorio de conciliación previsto en el artículo 156.1 de la Ley Reguladora de la Jurisdicción Social, dentro de su ámbito de aplicación y para los conflictos a que se refiere.

RESOLUCIÓN RELEVANTE

STSJ de la Comunidad Valenciana, n.º 3593/2006, de 23 de noviembre de 2006, ECLI: ES:TSJCV:2006:7518

En todo caso, las partes podrán acordar someterse voluntariamente al procedimiento de arbitraje regulado en el capítulo III de este Título sin necesidad de acudir al trámite de mediación. De la misma forma, las partes pueden habilitar, desde un principio o durante el procedimiento de mediación, a uno de los mediadores o mediadoras para que arbitre todas o algunas de las materias objeto de controversia.

Sujetos legitimados para solicitar la mediación

La mediación puede ser solicitada por:

- En conflictos de interpretación y aplicación de convenios, por cualquier parte con capacidad para demandar conflictos colectivos.

- En conflictos en comisiones paritarias, por quienes el convenio establezca o, en su defecto, por la mayoría de ambas representaciones.

- En negociación de convenios colectivos, por las partes involucradas, siempre que el procedimiento se inicie de manera conjunta o con el respaldo de la mayoría.

- En discrepancias durante el periodo de consultas, por la representación legal de los trabajadores y la empresa.

Solicitud de la mediación

La solicitud de mediación se presenta por escrito al Servicio Interconfederal de Mediación y Arbitraje (SIMA) y debe incluir información sobre:

- Identificación de las partes involucradas y de las organizaciones representativas.
- Descripción del conflicto, especificando su origen y las razones que fundamentan la solicitud.
- Identificación del colectivo de trabajadores afectado y el ámbito territorial del conflicto.
- Prueba de haber solicitado intervención a la Comisión Paritaria, si aplica.
- La mediación se debe llevar a cabo en un plazo máximo de diez días. Si las partes no designan mediadores, el SIMA procederá a hacerlo.

Actuación de las personas que ejercen labores mediadoras

Los mediadores comienzan su actividad inmediatamente tras su designación, y desarrollan el procedimiento conforme a lo que consideren apropiado. Están obligados a garantizar la confidencialidad de la información obtenida y la comunicación con las partes. Pueden proponer soluciones y deberán registrar el acuerdo alcanzado, si lo hay, que tendrá la misma eficacia que el pactado en un convenio colectivo.

> **RESOLUCIÓN RELEVANTE**
>
> **STSJ de la Comunidad Valenciana n.° 3593/2006, de 23 de noviembre de 2006, ECLI:ES:TSJCV:2006:7518**
>
> La persona o personas mediadoras formularán propuestas para la solución del conflicto o la prevención del mismo, que podrán incluir el sometimiento de las discrepancias a arbitraje. Las partes aceptarán o rechazarán de manera expresa las propuestas formuladas, teniéndose por no realizadas si no fueran aceptadas.

5.2.4. Resultado del periodo de consultas: acuerdo (o desacuerdo) en las negociaciones

El resultado del periodo de consultas para la inaplicación de un convenio colectivo puede finalizar con acuerdo o desacuerdo, y cada uno de estos resultados tiene implicaciones distintas en el proceso de negociación y en las acciones posteriores.

5.2.4.1. Finalización del periodo de consultas para descuelgue salarial con acuerdo

«Cuando el periodo de consultas finalice con acuerdo se presumirá que concurren las causas justificativas a que alude el párrafo segundo, y solo podrá ser impugnado ante la jurisdicción social por la existencia de fraude, dolo, coacción o abuso de derecho en su conclusión. El acuerdo deberá determinar con exactitud las nuevas condiciones de trabajo aplicables en la empresa y su duración, que no podrá prolongarse más allá del momento en que resulte aplicable un nuevo convenio en dicha empresa. El acuerdo de inaplicación no podrá dar lugar al incumplimiento de las obligaciones establecidas en convenio relativas a la eliminación de las discriminaciones por razones de género o de las que estuvieran previstas, en su caso, en el plan de igualdad aplicable en la empresa. Asimismo, el acuerdo deberá ser notificado a la comisión paritaria del convenio colectivo».

Como vemos, por expresa mención en el art. 82.3 del ET, el acuerdo de inaplicación:

- No podrá dar lugar al incumplimiento de las obligaciones establecidas en convenio relativas a la eliminación de las discriminaciones por razones de género o de las que estuvieran previstas, en su caso, en el plan de igualdad aplicable en la empresa.

- Deberá ser notificado a la comisión paritaria del convenio colectivo.

A TENER EN CUENTA. El acuerdo de inaplicación no podrá dar lugar al incumplimiento de las obligaciones establecidas en la empresa relativas a la eliminación de las discriminaciones por razones de género o de las que estuvieran previstas, en su caso, en el Plan de Igualdad aplicable.

En el supuesto de acuerdo de inaplicación de condiciones salariales, no es extraño que durante la negociación se concreten aspectos como:

- Planes de convergencia de las condiciones salariales de la empresa a las tablas de salario garantizado del convenio.

- El establecimiento de sistemas de seguimiento conjunto de lo acordado con el fin de velar por la correcta aplicación del descuelgue.

- Procedimientos para la revisión anual del acuerdo en supuestos de desaparición o modificación de las causas que lo motivaron), etc.

Del mismo modo, de alcanzarse acuerdo, la práctica mayoría de los convenios colectivos establecen una serie de obligaciones como:

- Detallar con exactitud las nuevas condiciones de trabajo aplicables en la empresa y su duración, que no podrá prolongarse más allá del momento en que resulte aplicable un nuevo convenio en dicha empresa.

- Establecer sistemas de seguimiento conjunto de lo acordado con el fin de velar tanto por la correcta aplicación de las condiciones pactadas y de lo dispuesto en el presente artículo, como de la existencia real y continuada de las causas alegadas para la inaplicación.

- Incluir procedimientos para la revisión del acuerdo para el supuesto de que las causas que lo motivaron desaparecieran o se modificaran.

5.2.4.2. Finalización del periodo de consultas para descuelgue salarial sin acuerdo. Mecanismos ante la falta de acuerdo

«Cuando el periodo de consultas finalice sin acuerdo y no fueran aplicables los procedimientos a los que se refiere el párrafo anterior o estos no hubieran solucionado la discrepancia, cualquiera de las partes podrá someter la solución de la misma a la Comisión Consultiva Nacional de Convenios Colectivos cuando la inaplicación de las condiciones de trabajo afectase a centros de trabajo de la empresa situados en el territorio de más de una comunidad autónoma, o a los órganos correspondientes de las comunidades autónomas en los demás casos. La decisión de estos órganos, que podrá ser adoptada en su propio seno o por un árbitro designado al efecto por ellos mismos con las debidas garantías para asegurar su imparcialidad, habrá de dictarse en plazo no superior a veinticinco días a contar desde la fecha del sometimiento del conflicto ante dichos órganos. Tal decisión tendrá la eficacia de los acuerdos alcanzados en periodo de consultas y solo será recurrible conforme al procedimiento y en base a los motivos establecidos en el artículo 91».

De no alcanzarse acuerdo con la representación de los trabajadores legitimada, solo el agotamiento de las vías que el texto legal abre —como acudir a la comisión paritaria del convenio, a los procedimientos del art. 83 del ET en su caso, y, finalmente, a la correspondiente comisión consultiva de convenios— pueden acabar por permitir a la empresa el apartamiento de la cláusula convencional controvertida, descartándose la adopción de medidas de descuelgue de forma unilateral. (STS, rec. 68/2014, de 6 mayo de 2015 y STS n.º 532/2019, de 3 de julio de 2019, ECLI:ES:TS:2019:2525).

> **A TENER EN CUENTA**. No es extraño encontrar cláusulas colectivas en las que se establezca que el sometimiento a arbitraje tenga carácter voluntario, o que resulte preciso el acuerdo de ambas las partes para dicho sometimiento.

Con carácter general, los procedimientos extrajudiciales para la solución de los conflictos son los ya analizados de mediación y arbitraje. No obstante, en el caso de la inaplicación de convenios, existen una serie de precisiones o mecanismos ante la falta de acuerdo.

1. Intervención de la comisión paritaria del convenio colectivo

En caso de desacuerdo durante el periodo de consultas, o si sustituido el periodo de consultas por un trámite de mediación ante el organismo laboral que se decida, las partes no alcanzasen acuerdo, cualquiera de las partes podrá someter la discrepancia a la comisión paritaria del convenio, que dispondrá de un plazo máximo de siete días para pronunciarse, a contar desde que la discrepancia le fuera planteada.

A TENER EN CUENTA. Este punto ha sido tratado al analizar las cláusulas de descuelgue salarial de los convenios colectivos.

2. Aplicación de los procedimientos establecidos en los acuerdos interprofesionales de ámbito estatal o autonómico

Los acuerdos interprofesionales de ámbito estatal o autonómico son pactos establecidos entre las organizaciones sindicales y las asociaciones empresariales más representativas, ya sea a nivel estatal o de comunidad autónoma. Estos acuerdos tienen como objetivo regular la estructura de la negociación colectiva y fijar las reglas para resolver los conflictos de concurrencia entre convenios de distintos ámbitos. (STSJ de Cataluña, rec. 41/2021, de 11 de abril de 2022, ECLI:ES:TSJCAT:2022:3617 y STSJ de Cataluña, rec. 647/2023, de 10 de julio del 2023, ECLI:ES:TSJCAT:2023:7516).

Según el artículo 83 del Estatuto de los Trabajadores, estos acuerdos pueden incluir cláusulas sobre la estructura de la negociación colectiva y pueden ser pactados tanto en convenios o acuerdos colectivos sectoriales de ámbito estatal o autonómico, siempre que las organizaciones sindicales y empresariales cuenten con la legitimación necesaria.

Además, estos acuerdos interprofesionales pueden abordar materias concretas y tendrán el mismo tratamiento que los convenios colectivos según la ley.

En lo que a nuestro análisis se refiere, cuando no se hubiera solicitado la intervención de la comisión o esta no hubiera alcanzado un acuerdo, las partes deberán recurrir a los procedimientos que se hayan establecido en los acuerdos interprofesionales de ámbito estatal o autonómico, previstos en el artículo 83 del ET, para solventar de manera efectiva las discrepancias surgidas en la negociación de los acuerdos estudiados, incluido el compromiso previo de someter las discrepancias a un arbitraje vinculante, en cuyo caso el laudo arbitral tendrá la misma eficacia que los acuerdos en periodo de consultas y solo será recurrible conforme al procedimiento y en base a los motivos establecidos en el artículo 91 del ET.

3. El arbitraje de la comisión consultiva nacional de convenios colectivos

«Cuando el periodo de consultas finalice sin acuerdo y no fueran aplicables los procedimientos a los que se refiere el párrafo anterior o estos no hubieran solucionado la discrepancia, cualquiera de las partes podrá someter la solución de la misma a la Comisión Consultiva Nacional de Convenios Colectivos cuando la inaplicación de las condiciones de trabajo afectase a centros de trabajo de la empresa situados en el territorio de más de una comunidad autónoma, o a los órganos correspondientes de las comunidades autónomas en los demás casos. La decisión de estos órganos, que podrá ser adoptada en su propio seno o por un árbitro designado al efecto por ellos mismos con las debidas garantías para asegurar su imparcialidad, habrá de dictarse en plazo no superior a veinticinco días a contar desde la fecha del sometimiento del conflicto ante dichos órganos. Tal decisión tendrá la eficacia de los acuerdos alcanzados en periodo de consultas y solo será recurrible conforme al procedimiento y en base a los motivos establecidos en el artículo 91».

De conformidad con lo dispuesto en el reiterado art. 82.3 del Estatuto de los Trabajadores, la Comisión Consultiva Nacional de Convenios Colectivos es competente para decidir sobre las solicitudes de inaplicación de las condiciones de trabajo previstas en convenio colectivo, siempre y cuando las fases previas previstas en el mencionado precepto (celebración de período de consultas entre las partes implicadas, intervención de la Comisión Paritaria del convenio y, en su caso, interposición del conflicto ante el órgano de solución extrajudicial de conflictos competente) no fueran aplicables o no hubieran solucionado la discrepancia surgida.

CUESTIÓN

¿Quién debe cubrir los costes de las mediaciones y arbitrajes?

Los costes que originen todos los procedimientos de mediación y arbitraje regulados estarán sometidos a las normas del SIMA u organismo autonómico correspondiente. En el supuesto de producirse otros gastos no cubiertos por los organismos citados cada una de las partes afectadas por los citados procedimientos correrá con sus correspondientes gastos.

JURISPRUDENCIA

STSJ de Madrid n.º 424/2015, de 18 de mayo de 2015, ECLI:ES:TSJM:2015:6684

La cuestión se centra en determinar si la Comisión Consultiva Nacional tenía fundamento jurídico para no entrar a conocer la cuestión planteada por la empresa. Se revocarse la sentencia de instancia porque para la resolución de la cuestión, falta el requisito del pronunciamiento previo de la CCNCC, pronunciamiento que no puede decirse que sea extemporáneo, por cuanto no existe plazo para ello, entendiendo este Tribunal que se debiera haber entrado en el conocimiento del asunto, partiendo de lo en ella recogido de que 'la empresa ha seguido todos los tramite legales que rigen el procedimiento' y valorar la cuestión con los datos de que se disponía, en el momento que se presentó, es decir que resuelva sobre el fondo valorando las circunstancias cuando comenzó el procedimiento.

STSJ de Baleares n.º 552/2013, de 17 de diciembre de 2013, ECLI:ES:TSJBAL:2013:138

Por haberse excedido los límites temporales razonables para presentar la solicitud ante la CCNCC: «Normativamente los plazos están determinados. Art. 82.3 del E.T . en el cual se menciona la inaplicación de un convenio colectivo, previo el periodo de consultas, señalándose que el periodo no podrá superar los quince días de duración. Esos son los límites de razonabilidad. Más que hablar de que plazos hay que seguir, lo que se refiere es a ámbitos temporales, donde han de seguirse determinadas pautas, y uno de ellos es el término, en ocasiones se considera que el exceso del plazo de quince días no determinada la mala fe, o en caso en que las limitaciones son muy pequeñas, cita la sent. T.S.J. Castila León 27/2004. No estamos ante una cuestión de revisión de condiciones económicas. El procedimiento ante la Comisión es triangular, con respecto a la empresa y a los trabajadores y la decisión de la comisión de inadmitir a trámite, es perfectamente lógica, puesto que la decisión se ha hecho hace más de siete meses. Cita sentencia de la Audiencia Nacional.

Se aportará una resolución posterior de la Comisión. En cualquier caso considera que ningún tipo de lesividad se ocasiona a la empresa. En los casos en que ha conseguido la inaplicación es por cuanto las empresas habían obtenido un acuerdo de los trabajadores. En septiembre se ha vuelto a iniciar un periodo de consultas, en el cual se hubiese podido formular nuevamente la petición. Por no cumplirse los requisitos del art. 163 y siguientes de la LRJS considera que la sentencia debe ser de carácter desestimatorio».

SAN n.º 15/2013, de 28 de enero de 2013, ECLI:ES:AN:2013:145

Decisión de la Comisión Consultiva Nacional de Convenios Colectivos, que es impugnada por la propia empresa que ha solicitado la intervención de esta Comisión: El procedimiento adecuado es el de impugnación y no el de conflicto colectivo.

La decisión de la CCNCC debe pronunciarse no solo sobre las causas económicas alegadas por la empresa, sino que también ha de valorar su adecuación en relación con la causa alegada y sus efectos sobre los trabajadores afectados. La Comisión deberá examinar si concurren las conexiones de funcionalidad, normalidad y proporcionalidad entre la causa acreditada y la medida propuesta por la empresa.

En el caso analizado, no procede aplicar la medida que se solicita puesto que menos de dos meses antes se tomaron otras amparadas también en causas económicas y productivas, no habiéndose probado por la empresa que hayan surgido situaciones extraordinarias, que justificaran una nueva modificación en un plazo tan breve.

STS, rec. 1469/1997, de 19 de octubre de 1998, ECLI:ES:TS:1998:6019

La resolución de la cuestión de fondo exige recordar que este tipo de laudos resuelven un conflicto de intereses (o de regulación, como son designados por un sector de la doctrina). No se dictan en interpretación de una norma jurídica preexistente, sino que configuran una norma nueva que se crea a fin de sustituir la estatal que se deroga. Y, careciendo la Jurisdicción de competencia para la solución de los conflictos de esta índole, la revisión judicial de los pronunciamientos del laudo dictado, ha de limitarse a la comprobación de la existencia de una posible extralimitación por el árbitro respecto de las facultades que le fueron conferidas, haber sobrepasado topes legales de derecho necesario o la infracción de los «requisitos y formalidades establecidos al efecto» (art. 91 del Estatuto de los Trabajadores).

SJS de Madrid n.º 410/2014, de 26 de septiembre de 2014, ECLI:ES:TSJM:2014:11090

Se analiza una posible dilatación de la solicitud por parte de la empresa a la CCNCC de decisión sobre inaplicación de tablas salariales, por considerarse injustificado el tiempo de espera, dado que las circunstancias que motivaron inicialmente la decisión empresarial de su inaplicación, y que fueron objeto de análisis y debate en el período de consultas, habían podido variar y ser sustancialmente diferentes de las actuales.

Aun no existiendo un plazo legal dentro del cual presentar la solicitud, la buena fe en el procedimiento supone que el mismo ha de realizarse sin dilaciones innecesarias.

El **procedimiento** para la solución de discrepancias surgidas por falta de acuerdo en los procedimientos de inaplicación de condiciones de trabajo previstas en los convenios colectivos está regulado en el Artículo 19 del Real Decreto 1362/2012. Este proceso comprende varios pasos y requisitos que se detallan a continuación:

1. El procedimiento se inicia mediante **solicitud** de parte, que debe ser presentada de manera electrónica en la sede electrónica del Ministerio de Empleo y Seguridad Social. La solicitud debe incluir:

- Identificación del solicitante y de los centros de trabajo afectados.
- Motivo de la discrepancia y pretensión de inaplicación de determinadas condiciones de trabajo.
- Copia de la solicitud entregada a la otra parte de la discrepancia para su conocimiento.

2. **La solicitud debe acompañarse de una serie de documentos**, que incluyen, pero no se limitan a identificación de los representantes de los trabajadores, acreditar el periodo de consultas desarrollado y documentación que justifique las causas económicas, técnicas, organizativas o de producción alegadas por la parte solicitante.

En concreto, el art. 20 del Real Decreto 1362/2012, de 27 de septiembre, exige la solicitud se acompañe de la siguiente documentación presentada por vía electrónica:

«a) Identificación del solicitante, centros de trabajo afectados y dirección de correo electrónico.

b) Identificación de los representantes de los trabajadores, incluyendo, en todo caso, nombre, DNI y dirección de correo electrónico a la que se les puedan efectuar comunicaciones.

c) Acreditación de haberse desarrollado el periodo de consultas y, en su caso, actas de las reuniones celebradas y posición de la otra parte que da lugar a la discrepancia.

d) En el supuesto de haber sometido la discrepancia a la comisión paritaria del convenio colectivo, acreditación de ello y, en su caso, pronunciamiento de la misma.

e) En su caso, declaración de no ser aplicable a la parte que insta el procedimiento el Acuerdo Interprofesional de ámbito estatal para la solución efectiva de las discrepancias a que se refiere el artículo 83.2 del Estatuto de los Trabajadores.

f) En el caso de haber sometido la discrepancia al procedimiento a que se refiere el párrafo anterior, acreditación de ello y, en su caso, resultado de la misma.

g) Identificación del convenio colectivo vigente del que se pretenden inaplicar determinadas condiciones de trabajo, indicando su vigencia temporal.

h) Documentación relativa a la concurrencia de las causas económicas, técnicas, organizativas o de producción. A tales efectos se tomará como referencia la documentación que sea preceptiva en la comunicación de los despidos colectivos, teniendo en cuenta que cuando las causas económicas alegadas consistan en una disminución persistente del nivel de ingresos o ventas, deberá presentar, además, la documentación que acredite que se ha producido dicha disminución durante los últimos dos trimestres consecutivos.

i) Relaciones pormenorizadas de las condiciones de trabajo del convenio colectivo que se pretenden inaplicar y su incardinación entre las materias previstas en las letras a) a g) del párrafo segundo del artículo 82.3 del Estatuto de los Trabajadores, detallando las nuevas condiciones del trabajo que se quieren aplicar y el período durante el cual se pretenden establecer.

j) Acreditación de haber entregado a la otra parte de la discrepancia copia de la solicitud presentada a la Comisión, junto con la documentación establecida en este artículo.

k) Número y clasificación profesional de los trabajadores afectados por la inaplicación de condiciones de trabajo del convenio colectivo en vigor. Cuando afecte a más de un centro de trabajo esta información deberá estar desglosada por centro de trabajo y, en su caso, por provincia y comunidad autónoma.

l) Conformidad, en su caso, de las partes de la discrepancia sobre el procedimiento para la solución de la misma de entre los establecidos en el artículo 16.3 y, de haber optado por la designación de un árbitro, conformidad, en su caso, sobre su nombramiento.

m) Información sobre la composición de la representación de los trabajadores, así como de la comisión negociadora, especificando si son representación unitaria o representación elegida conforme al artículo 41.4 del Estatuto de los Trabajadores».

3. Una vez presentada la solicitud, el **secretario de la CCNCC verificará que cumple con los requisitos establecidos en el real decreto**. Si no es así, se dará un plazo de 10 días para completar la solicitud, advirtiendo que, si no se completa, se considerará desistida.

4. El secretario enviará una **comunicación** a la otra parte de la discrepancia para que presente alegaciones en un plazo de 5 días.

5. La comisión permanente **se pronunciará sobre el procedimiento a seguir para la solución de la discrepancia**, eligiendo entre los procedimientos establecidos en el artículo 16.3 del mismo real decreto.

6. **La solución de la discrepancia se decidirá en el seno de la CCNCC** , que podrá adoptar una decisión en su propio seno o mediante la designación de un árbitro, dependiendo de la conformidad de las partes afectadas.

7. **La decisión de la comisión será vinculante y ejecutiva de inmediato.** La CCNCC debe comunicar su decisión a las partes afectadas dentro del plazo máximo establecido.

Este procedimiento busca garantizar que las discrepancias en la inaplicación de condiciones de trabajo sean resueltas de manera justa y ágil, asegurando la protección tanto de los derechos de los trabajadores como de los intereses empresariales

---

A TENER EN CUENTA. La consulta de las decisiones sobre inaplicación de convenios colectivos públicas en la base de datos de la CCNCC puede solucionar algunas dudas sobre el procedimiento de inaplicación de convenio colectivo, siempre teniendo en cuenta su carácter no vinculante y los distintos supuestos.

CUESTIONES

1. ¿En qué supuestos la CCNCC puede indicar la inadmisión de la solicitud de inaplicación?

Entre otros, los principales motivos por los que se suele declarar la inadmisión de la solicitud de inaplicación de las condiciones salariales previstas en el convenio suelen ser la falta de acreditación de un verdadero periodo de consultas de conformidad con las exigencias de los artículos 82.3 y 41.4 del Estatuto de los Trabajadores o no acreditar haber recurrido a los procedimientos establecidos en los Acuerdos Interprofesionales de ámbito estatal o autonómico del artículo 83 del Estatuto de los Trabajadores para solventar de manera efectiva las discrepancias surgidas o, en su caso, que no estaba sometido a los mismos.

2. ¿Cómo se solicita la inaplicación de un convenio a la CCNCC?

Junto a la solicitud establecida al efecto debe adjuntarse la documentación acreditativa. A modo de ej.:

Documentación explicativa de las causas motivadoras del expediente.

Información sobre la composición de la representación de los trabajadores.

Actas de reuniones del período de consultas previo con resultado de sin Acuerdo.

Acta de mediación llevada a cabo ante el Servicio Interconfederal de Mediación y Arbitraje (SIMA) finalizada sin Acuerdo.

Escrito de solicitud de intervención de la Comisión Paritaria del convenio, así como acta de la misma concluida Sin Acuerdo.

Listado de trabajadores afectados.

Identificación del Convenio colectivo afectado.

Documentación acreditativa de la entrega a la parte social de copia de la solicitud presentada ante la CCNCC y de la documentación anexa.

3. Si un periodo de consultas finaliza sin acuerdo, ¿cómo valorará la CCNCC si ha existido una verdadera negociación?

La CCNCC analizará la documentación aportada por la empresa en su solicitud y, en particular, de las actas del período de consultas. Como hemos analizado a lo largo de la obra, la obligación empresarial de proporcionar dicha información se cumple, tal y como dispone el referido precepto legal, cuando se efectúa la transmisión de los datos necesarios para que la representación de los trabajadores tenga conocimiento preciso de una cuestión determinada y pueda proceder a su examen. Igualmente, dicha información habrá de versar necesariamente sobre las causas alegadas en la solicitud empresarial así como sobre su adecuación a las medidas propuestas (SAN, rec. 67/2012, de 21 de noviembre, ECLI:ES:AN:2012:4756). El periodo de negociación debe consistir en un intercambio de opiniones y en la apertura de un diálogo entre las partes sobre la propuesta empresarial y las alternativas que permitan evitar, reducir o atenuar las consecuencias de las medidas planteadas, habiendo de acreditarse propuestas y contrapropuestas (STS, rec. 173/2010, de 30 de junio de 2011, ECLI:ES:TS:2011:5459).

5.2.5. Comunicación a la autoridad laboral

La inaplicación del convenio colectivo se contempla en el artículo 82.3 del ET, en el que se recoge también el procedimiento para tal decisión y cuyo último inciso prevé que *«el resultado de los procedimientos a que se refieren los párrafos anteriores que haya finalizado con la inaplicación de condiciones de trabajo deberá ser comunicado a la autoridad laboral a los solos efectos de depósito»*.

El resultado de los procedimientos a que se refieren los párrafos anteriores que haya finalizado con la inaplicación de condiciones de trabajo deberá, por tanto, ser comunicado a la autoridad laboral a los solos efectos de depósito.

CUESTIÓN

¿La falta de comunicación del acuerdo de descuelgue a la Autoridad Laboral comporta su nulidad?

La falta de comunicación a la autoridad laboral del acuerdo para la inaplicación del convenio, a los solos efectos de depósito, no conlleva la nulidad del acuerdo de inaplicación. (STSJ del País Vasco n.º 136/2018, de 16 de enero de 2018, ECLI:ES:TSJPV:2018:215).

RESOLUCIÓN RELEVANTE

SAN n.º 45/2014, de 23 de enero de 2014, ECLI: ES:AN:2014:45

Sobre los efectos de la falta de registro del Convenio y de un acuerdo de inaplicación del mismo, se razona: «no es extraño, por ello, que el artículo 90.1 del Estatuto de los Trabajadores sólo prevea la sanción de nulidad para el caso de falta de redacción escrita, pero no prevé igual efecto para la inobservancia de los requisitos de los demás apartados, esto es, para la comunicación a la autoridad laboral, el registro y la publicación, lo que es lógico, por otro lado, en atención a que la intervención de los poderes públicos puede servir para el control de validez del convenio en un eventual proceso judicial posterior, pero no es «per se» requisito de validez», por tanto, el registro y la publicidad no son requisitos determinantes de la validez del convenio y además, deviene vinculante y es obligatorio para los comprendidos en su ámbito desde la fecha en que acuerden las partes como establece en el número 3 del artículo 82 y el número 4 del artículo 90 ambos del Estatuto de los Trabajadores.

5.2.6. Comunicación a las personas trabajadoras o sus representantes

Parece lógico que aquellas empresas que pretendan descolgarse del régimen del convenio debieran notificarlo por escrito a la comisión paritaria del convenio, a la representación de los/as trabajadores/as o, en su defecto, a éstos/as. No obstante, como se ha indicado, la norma solo fija la necesidad de comunicación a la comisión paritaria del convenio, junto a la comunicación a la autoridad laboral citada.

6.
REGISTRO DE LAS INAPLICACIONES DE CONVENIOS COLECTIVOS EN EL REGCON

El depósito de acuerdos, laudos arbitrales y decisiones de la Comisión Consultiva Nacional de Convenios Colectivos u órganos correspondientes de las Comunidades Autónomas sobre inaplicación de condiciones de trabajo previstas en los convenios colectivos se regula en la D.A. 4.ª del Real Decreto 713/2010, de 28 de mayo, sobre registro y depósito de convenios y acuerdos colectivos de trabajo.

La citada D.A. 4.º establece que serán objeto de depósito:

«a) Los acuerdos de inaplicación de las condiciones de trabajo previstas en los convenios colectivos según lo dispuesto en el artículo 82.3 del Estatuto de los Trabajadores, tanto los alcanzados entre el empresario y la representación de los trabajadores durante el periodo de consultas, como los conseguidos en el seno de la comisión paritaria del convenio colectivo de aplicación.

b) Los acuerdos de inaplicación de las condiciones de trabajo previstas en los convenios colectivos a las que se refiere el artículo 82.3 del Estatuto de los Trabajadores, cuando tales acuerdos se hayan alcanzado durante el periodo de consultas en un procedimiento de despido colectivo, suspensión de contratos o reducción de jornada.

c) Los acuerdos y laudos arbitrales por los que se establece la inaplicación de condiciones de trabajo previstas en el convenio colectivo de aplicación, conforme a los procedimientos contemplados en los acuerdos interprofesionales de ámbito estatal o autonómico previstos en el artículo 83.3 del Estatuto de los Trabajadores.

d) Las decisiones de la Comisión Consultiva Nacional de Convenios Colectivos u órganos equivalentes de las Comunidades Autónomas y los laudos de los árbitros designados por dichos órganos, por los que se establece la inaplicación de condiciones de trabajo previstas en el convenio colectivo de aplicación, conforme a lo establecido en el artículo 82.3 del Estatuto de los Trabajadores».

La solicitud de depósito de los instrumentos a que se refiere el apartado anterior ante la autoridad laboral competente deberá incluir el texto del correspondiente instrumento y se efectuará a través de medios electrónicos cumplimentando todos los datos solicitados en la aplicación informática diseñada al efecto.

Teniendo presente las instrucciones para la presentación de las inaplicaciones de convenios colectivos publicadas por el REGCON, se deben seguir los siguientes pasos:

Autorización de un miembro de la comisión negociadora para el registro del acuerdo en el REGCON

Con carácter general, tras alcanzar un acuerdo suele autorizarse o habilitarse a un miembro de la comisión negociadora para realizar cuantos trámites sean oportunos para el registro del acuerdo suscrito para la inaplicación salarial (descuelgue) de las condiciones establecidas en el convenio colectivo. Del mismo modo, atendiendo a la D.A. 4.ª del Real Decreto 713/2010, de 28 de mayo, la solicitud de depósito deberá realizarse por:

«a) Respecto de los instrumentos indicados en el apartado 1.a), la parte que inició el procedimiento para la inaplicación de condiciones de trabajo o la comisión paritaria, en que se lograra el acuerdo.

b) Respecto de los acuerdos indicados en el apartado 1.b), la empresa.

c) Respecto de los instrumentos indicados en el apartado 1.c), el órgano de dirección del organismo competente, o la persona designada por este.

d) Respecto de los instrumentos indicados en el apartado 1.d), la persona designada por el órgano competente».

Acceso a la aplicación REGCON

- Si la inaplicación afecta a centros de trabajo ubicados en más de una Comunidad Autónoma (CC.AA.), se debe acceder a través de la página web del Ministerio de Empleo y Seguridad Social.

- Si afecta a centros de trabajo ubicados en una sola CC.AA., se debe acceder a través de la página web de dicha CC.AA.

- Si afecta a centros de trabajo ubicados en una provincia, se debe acceder a través de la página web de la CC.AA. correspondiente.

Procedimiento de presentación en REGCON

- Entrar en la aplicación a través del apartado 'SERVICIOS'/'Tramitación' y seleccionar el certificado de usuario previamente dado de alta en la aplicación.

- Seleccionar la opción 'Inaplicación de Convenios' en el menú de la izquierda.

- Cumplimentar los datos solicitados en las siguientes pantallas:
  - » Datos de Empresa – Códigos de Convenio.
  - » Ámbito geográfico.
  - » Ámbito funcional.
  - » Acuerdo o Procedimiento de Inaplicación.
  - » Pestaña REGISTRO: datos relativos a Empresa, CNAE y archivos adjuntos obligatorios (texto por el que se inaplica el convenio y, si aplica, escrito de delegación).
  - » Pestaña MAPA: datos sobre la vigencia de la inaplicación del convenio y la representación.
  - » Pestaña CONDICIONES DE TRABAJO: selección de las condiciones de trabajo que se inaplican.
  - » Pestaña DATOS ESTADÍSTICOS: datos estadísticos correspondientes a la inaplicación.
  - » Pestaña RESUMEN: revisar y enviar la inaplicación.

Guardar un borrador

- Desde la primera pantalla, se puede optar por crear un borrador para ir guardando los datos cumplimentados. Se recomienda guardar el borrador desde la primera pantalla.
- Para continuar con la presentación en otro momento, se debe cargar el borrador desde la bandeja de 'Borradores'.

7.
PERIODO DE INAPLICACIÓN DE LAS CONDICIONES DE CONVENIO Y FINALIZACIÓN DEL DESCUELGUE SALARIAL

La STS, rec. 218/2014, de 15 septiembre 2015, ECLI:ES:TS:2015:4106, recuerda que estamos ante un mecanismo excepcional, legitimado ante el riesgo de que el mantenimiento de tales condiciones pueda poner en peligro la estabilidad de la empresa y, con ello, el empleo. Las previsiones legales sobre vigencia del descuelgue las encontramos en el reiterado artículo 82.3 del ET:

a) El punto de partida no es otro que la conocida eficacia general y valor normativo de lo pactado: *«Los Convenios colectivos regulados por esta ley obligan a todos los empresarios y trabajadores incluidos dentro de su ámbito de aplicación y durante todo el tiempo de su vigencia».*

b) De manera excepcional, la Ley permite que *«cuando concurran causas económicas, técnicas, organizativas o de producción»* sea posible *«inaplicar en la empresa las condiciones de trabajo previstas en el convenio colectivo aplicable, sea este de sector o de empresa».*

c) Respecto del alcance temporal que pueda tener el descuelgue, habida cuenta de que opera sobre un concreto convenio colectivo, la Ley dispone que *«no podrá prolongarse más allá del momento en que resulte aplicable un nuevo convenio en dicha empresa».* (STS n.º 673/2018, de 26 de junio de 2018, ECLI:ES:TS:2018:2903).

De este modo, como se observa, **el legislador no fija una duración mínima sino una máxima.** Este tope absoluto, por tanto, debe desplegar su virtualidad con independencia de que el acuerdo (o laudo) de descuelgue lo establezca o no.

El art. 82.3 del ET, no limita expresamente la posibilidad de dar eficacia retroactiva al pacto para la inaplicación de las condiciones de convenio. No obstante, el descuelgue o apartamiento de lo acordado en convenio **sólo puede tener efectos a partir del momento en que se acuerda.**

La única norma que se contiene en el reiterado artículo 82.3 del ET sobre la vigencia del pacto novatorio es la que limita su duración a la entrada en vigor de un nuevo convenio colectivo que sea aplicable en la empresa.

Es cierto que el artículo 82.3 del ET que se viene estudiando no limita expresamente la posibilidad de dar eficacia retroactiva al pacto modificativo, pero la existencia de esa restricción legal está implícita en el texto de la norma que empieza estableciendo que el convenio colectivo obliga a todos los incluidos en su ámbito de aplicación «durante todo el tiempo de su vigencia». De ese mandato se infiere que **el convenio colectivo es de forzosa aplicación mientras no se acuerde su inaplicación parcial, así como que esa inaplicación, el descuelgue o apartamiento de lo en él acordado sólo puede tener efectos a partir del momento en que se acuerda.** (STS, rec. 206/2014, de 7 de julio de 2015, ECLI:ES:TS:2015:3475).

Finalización del descuelgue salarial

El descuelgue salarial no puede superar el período de vigencia del convenio colectivo, teniendo en cuenta esta previsión:

- Es posible que el acuerdo alcanzado limite su duración o que la propia comisión paritaria se pronuncie sobre su duración.

- La finalización del descuelgue puede ser automática al término del período autorizado, pero es recomendable que se realice una revisión previa para constatar la recuperación económica de la empresa.

- En caso de desacuerdo sobre la finalización del descuelgue, las partes pueden someter la discrepancia a la comisión paritaria del convenio o a un arbitraje vinculante.

Condiciones para la recuperación salarial

- La recuperación salarial tras un descuelgue está condicionada a la mejora de la situación económica de la empresa. Es decir, si las circunstancias económicas que justificaron el descuelgue mejoran, se debe revisar la proporcionalidad de las condiciones salariales acordadas.

- La normativa establece que, una vez finalizado el período de descuelgue, las empresas deben proceder a la actualización inmediata de los salarios de los trabajadores, aplicando los incrementos pactados durante el tiempo que duró la inaplicación.

JURISPRUDENCIA

STS n.º 439/2019, de 11 de junio de 2019, ECLI:ES:TS:2019:2461

En relación al «sistema de remuneración y cuantía salarial», ha de entenderse que en orden a la **fecha de pago de los salarios y pagas extraordinarias, no hay posibilidad descuelgue o inaplicación en aquellas materias retributivas distintas del sistema de remuneración y cuantía salarial,** pues son las únicas a las que se refiere expresamente la norma, el sistema de remuneración, son los criterios o reglas que fijan los distintos conceptos retributivos o la estructura salarial y la manera de percibir los mismos, pero nunca se refieren a la fecha de pago por la prestación del trabajo, pues en otro caso el legislador habría optado por referir «la fecha de pago del salario y de los demás conceptos retributivos». Por tanto, el aplazamiento de la fecha de pago de la paga extraordinaria de navidad así como del abono del salario pactado, no son materias susceptibles de incardinarse en el sistema de remuneración motivo por el cual no caben dentro del mecanismo previsto en el artículo 82.3 del ET.

STS, rec. 206/2014, de 7 de julio de 2015, ECLI:ES:TS:2015:3475

El descuelgue del convenio aplicable no puede tener efectos retroactivos, aunque se pacten en el acuerdo de modificación condiciones del convenio que se aplica hasta que concluye la vigencia de ese pacto o entra en vigor un nuevo convenio colectivo de aplicación en la empresa.

RESOLUCIONES RELEVANTES

STSJ de Andalucía n.º 1030/2013, de 22 de mayo de 2013, ECLI:ES:TSJAND:2013:5076

Aplicación del régimen jurídico para el descuelgue salarial introducido por el Real Decreto 3/2012, de 10 de febrero, a pesar de que en el convenio colectivo se hubiese pactado un régimen diferente.

STSJ de Madrid n.º 540/2013, de 17 de julio de 2013, ECLI:ES:TSJM:2013:11013

La cláusula de descuelgue salarial no puede impedir el **abono de dietas,** puesto que ese descuelgue solo afecta a las partidas salariales y las dietas no tienen tal carácter.

8.
¿CÓMO SE IMPUGNA UN DESCUELGUE SALARIAL?

Cualquier impugnación, incluidas las situaciones relacionadas con descuelgues salariales, debe seguir una normativa para garantizar un proceso justo y respetar los procedimientos establecidos por la legislación laboral vigente. No obstante, a la hora de impugnar un descuelgue salarial surgen dudas entre distintas modalidades procesales ya que la normativa no ha establecido un procedimiento específico.

En esencia, la presunción establecida en el artículo 82.3 del Estatuto de los Trabajadores supone que, al finalizar el periodo de consultas con acuerdo, se presume que concurren las causas justificativas y solo podrá ser impugnado ante la jurisdicción social por la existencia de alguno de los siguientes supuestos:

- **Fraude:** se refiere a situaciones donde no se han respetado las normas que regulan la inaplicación de las condiciones de un convenio colectivo.

- **Dolo**: si se demuestra que ha habido intención maliciosa por parte de la empresa en la adopción del acuerdo de descuelgue.

- **Coacción:** en caso de que los trabajadores hayan sido obligados a firmar o aceptar el descuelgue salarial bajo presión o amenaza.

- **Abuso de derecho:** cuando se argumente que el uso del derecho a descuelgue salarial se ha ejercido de forma abusiva, afectando desproporcionadamente los derechos de los trabajadores.

La disposición indicada distingue entre la validez del «acuerdo» por vicios «en su conclusión» y la validez de todas y cada una de las modificaciones convencionales y contractuales que en él se acuerdan, de forma que limita la posibilidad de impugnar el acuerdo por la no concurrencia de las causas que justifican las modificaciones que en él se conciertan, pero no restringe, ni recorta, la posibilidad de impugnar o rebatir la validez de las modificaciones acordadas así como la de pedir una interpretación de las mismas que se ajuste a lo dispuesto en la Ley. (STS, rec. 110/2014, de 16 de septiembre de 2015, ECLI:ES:TS:2015:3973).

Al margen de su posible impugnación por fraude, dolo, coacción o abuso de derecho, el acuerdo de inaplicación de las condiciones de convenio puede ser impugnado mediante **dos vías:**

A TENER EN CUENTA. La posible impugnación estará sometida a un plazo de prescripción de un año. (STS, rec. 110/2014, de 16 de septiembre de 2015, ECLI:ES:TS:2015:3973).

---

1. Proceso de conflicto colectivo (art. 153 de la LRJS)

Según establece el propio artículo 153.1 de la LRJS, el proceso de conflicto colectivo ha de necesariamente versar sobre la «aplicación e interpretación» de —sin realizar ahora mayores desarrollos ni precisiones— una norma estatal, convenio colectivo, pactos o acuerdo de empresa, o de una decisión empresarial de carácter colectivo o práctica de empresa».

Estando legitimados para promover este tipo de procesos (art. 154 de la LRJS):

a) Los sindicatos cuyo ámbito de actuación se corresponda o sea más amplio que el del conflicto.

b) Las asociaciones empresariales cuyo ámbito de actuación se corresponda o sea más amplio que el del conflicto, siempre que se trate de conflictos de ámbito superior a la empresa.

c) Los empresarios y los órganos de representación legal o sindical de los trabajadores, cuando se trate de conflictos de empresa o de ámbito inferior.

d) Las Administraciones públicas empleadoras incluidas en el ámbito del conflicto y los órganos de representación del personal laboral al servicio de las anteriores.

e) Las asociaciones representativas de los trabajadores autónomos económicamente dependientes y los sindicatos representativos de estos, para el ejercicio de las acciones colectivas relativas a su régimen profesional, siempre que reúnan el requisito de la letra a) anterior, así como las empresas para las que ejecuten su actividad y las asociaciones empresariales de éstas siempre que su ámbito de actuación sea al menos igual al del conflicto.

RESOLUCIONES RELEVANTES

SAN n.º 133/2012, de 14 de noviembre de 2012, ECLI:ES:AN:2012:4612

Legitimación para la impugnación del periodo de consultas en el descuelgue salarial de un convenio colectivo. Aprobado mayoritariamente por los representantes sindicales, no puede prosperar la petición de un sindicato minoritario de que se declare la ilegalidad del Acuerdo alcanzado cuando tal sindicato no prueba de ninguna manera la existencia en la conclusión de tal Acuerdo de alguno de los vicios del consentimiento que invalidan los contratos.

STSJ de Asturias, rec. 1890/2024, de 26 de noviembre del 2024, ECLI:ES:TSJAS:2024:3018

Se argumenta que se debe diferenciar entre un conflicto colectivo jurídico y un conflicto de intereses. El conflicto colectivo jurídico se refiere a la aplicación e interpretación de normas existentes, como convenios colectivos, mientras que un conflicto de intereses podría surgir al solicitar la modificación de condiciones laborales o la introducción de estipulaciones nuevas que no estén basadas en un convenio colectivo vigente.

Por tanto, si el descuelgue salarial se cuestiona con base en su legalidad respecto a un convenio colectivo vigente, se podría utilizar el Proceso de conflicto colectivo. En cambio, si se busca establecer nuevas condiciones o modificar substancialmente acuerdos preexistentes, existiría el riesgo de que el proceso no sea adecuado, ya que se interpretaría como un intento de alterar el marco normativo existente sin la debida formalidad legal exigida para tales modificaciones.

Así, es esencial revisar la naturaleza del descuelgue salarial (si se basa en la interpretación de un acuerdo o si intenta modificar las condiciones laborales existentes sin cumplir con los procesos indicados en los artículos pertinentes del Estatuto de los Trabajadores) para determinar si corresponde seguir la vía del conflicto colectivo.

2. Impugnación de decisiones y laudos relacionados con los medios de solución extrajudicial de conflictos

El art. 82.3 del ET prevé que las decisiones y laudos, activados por la CCNCC, tendrá la misma eficacia que los acuerdos alcanzados en el período de consultas y solo podrá ser impugnado conforme a los motivos establecidos en el artículo 91 del ET de acuerdo con **el procedimiento regulado para los convenios colectivos.**

Los motivos de impugnación incluyen:

- Que no se hayan observado los requisitos y formalidades establecidos durante la actuación arbitral.
- Que el laudo resuelva sobre puntos no sometidos a su decisión, lo que se conoce como incongruencia por exceso.

La norma establece una diferenciación entre la impugnación de acuerdos alcanzados en mediación y la de laudos arbitrales, especificando que solo respecto al laudo se imponen reglas particulares sobre su recurribilidad.

La intervención de la CCNCC opera como un mecanismo subsidiario que debe ser interpretado en coherencia con el derecho a la tutela judicial, sobre el cual los tribunales pueden realizar un control pleno sobre los aspectos jurídicos del laudo.

La solicitud de impugnación debe ser presentada por las partes involucradas, detallando los fundamentos jurídicos que soportan la misma.

CUESTIÓN

Frente a un descuelgue salarial, ¿sería posible una reclamación de cantidad de forma individual por el trabajador?

El procedimiento de reclamación de cantidad de forma individual no es adecuado para impugnar un descuelgue salarial. Según la doctrina del Tribunal Superior de Justicia, los acuerdos de descuelgue o inaplicación de un convenio colectivo son mecanismos que deben ser cuestionados a través del procedimiento de impugnación colectiva, dado que los trabajadores individualmente considerados carecen de legitimación activa para impugnarlos.

Como se establece en el fundamento de derecho correspondiente, aunque los trabajadores pueden presentar reclamaciones individuales sobre cantidades adeudadas, esto no implica que puedan cuestionar la validez de un acuerdo de descuelgue en el mismo procedimiento. La impugnación de un acuerdo de descuelgue debe llevarse a cabo en el ámbito colectivo y bajo los procedimientos establecidos para tal fin en la normativa laboral.

En este sentido, la STSJ de Andalucía, rec. 521/2024, de 16 de septiembre del 2024, ECLI:ES:TSJAND:2024:12747, desestima que el acuerdo de descuelgue pudiera ser objeto de oposición en un procedimiento individual de reclamación de cantidades, reafirmando que este tipo de reclamaciones está limitado a las diferencias salariales derivadas de la aplicación del convenio colectivo vigente.

8.1. Proceso de conflicto colectivo

Los arts. 153-162 de la LRJS regulan las especialidades del proceso de conflictos colectivos.

Requisito de conciliación previa

En relación con la conciliación previa, se trata de un **requisito necesario para la incoación del proceso** el haber planteado ante el servicio administrativo correspondiente o ante el órgano que asuma estas funciones, tal y como dispone el art. 156 de la LRJS. Continúa diciendo dicho precepto que lo que se acuerde en conciliación o mediación tendrá, según su naturaleza, la misma eficacia atribuida a los convenios colectivos por el art. 82 del Estatuto de los Trabajadores, siempre que las partes que concilien, ostenten la legitimación y adopten el acuerdo conforme a los requisitos exigidos por las citadas normas. En tal caso se enviará copia de la misma a la autoridad laboral. En el caso de los trabajadores autónomos económicamente dependientes, el acuerdo alcanzado tendrá la eficacia correspondiente a los acuerdos de interés profesional regulados en el art. 13 de la Ley 20/2007, de 11 de julio.

En caso de lograrse acuerdo en el acto de conciliación extrajudicial, el procedimiento se aborta, estableciendo la ley que dicho acuerdo tiene la misma eficacia que se les atribuye a los convenios colectivos por el art. 82 del ET.

Cabe mencionar además que pueden existir en el correspondiente convenio colectivo una específica atribución de funciones a la comisión paritaria del mismo, con el objeto de intentar solucionar los conflictos que surjan en la aplicación del mismo.

Además puede estar previsto en convenio colectivo otros cauces extrajudiciales de resolución de conflictos como la mediación o el arbitraje. En tales casos, tanto los acuerdos logrados, como el laudo arbitral, tienen los mismos efectos que el convenio, siempre que las partes tengan legitimación para negociar en su ámbito un convenio estatutario, conforme a las reglas que se establecen en los arts. 87-89 del ET.

Inicio del proceso de conflictos colectivos

Este proceso deberá plantearse, según el ámbito, ante el correspondiente juzgado o tribunal, esto es, las **Salas de lo Social de los TSJ o de la Audiencia Nacional,** iniciándose mediante **demanda** dirigida directamente al juzgado o tribunal competente por los sujetos legitimados y previo intento de conciliación. En este sentido los requisitos de la demanda, aparte de los contenidos en el art. 80 de la LRJS, son los siguientes, tal y como dispone el art. 157.2 de la LRJS:

- La designación general de los trabajadores y empresas afectados por el conflicto y, cuando se formulen pretensiones de condena que aunque referidas a un colectivo genérico, sean susceptibles de determinación individual ulterior sin necesidad de nuevo litigio, habrán de consignarse los datos, características y requisitos precisos para una posterior individualización de los afectados por el objeto del conflicto y el cumplimiento de la sentencia respecto de ellas.

- La designación concreta del demandado o demandados, con expresión del empresario, asociación empresarial, sindicato o representación unitaria a quienes afecten las pretensiones ejercitadas.

- Una referencia sucinta a los fundamentos jurídicos de la pretensión formulada.

- Las pretensiones interpretativas, declarativas, de condena o de otra naturaleza concretamente ejercitadas según el objeto del conflicto.

En segundo lugar, el procedimiento puede comenzar mediante **comunicación** de la autoridad laboral dirigida al juzgado o tribunal que tenga atribuida la competencia para conocer del asunto de que se trate. Cuando los conflictos afectan a más de una CCAA, el órgano competente será la Dirección General de Trabajo.

Dispone además el art. 158 de la LRJS, que «(...) *en dicha comunicación se contendrán idénticos requisitos a los exigidos para la demanda en el artículo anterior. El secretario judicial (actualmente LAJ) advertirá a la autoridad laboral de los defectos u omisiones que pudiera contener la comunicación, a fin de que se subsanen en el plazo de **diez días**».*

Tramitación

En cuanto a su **tramitación**, dispone el art. 159 de la LRJS, que *«este proceso tendrá carácter urgente»*. La **preferencia** en el despacho de estos asuntos será absoluta sobre cualesquiera otros, salvo los de tutela de los derechos fundamentales y libertades públicas. Dicha urgencia se manifiesta en los plazos, por una parte:

- Los días del mes de agosto y los días que median entre el 24 de diciembre y el 6 de enero del año siguiente, ambos inclusive, se consideran hábiles (art. 43.4 de la LRJS).

- La celebración del acto del juicio deberá tener lugar, en única convocatoria, dentro de los **cinco días** siguientes a la admisión a trámite de la demanda (art. 160.1 de la LRJS).

- La sentencia se dictará dentro de los **tres días** siguientes, notificándose, en su caso, a la autoridad laboral competente (art. 160.2 de la LRJS).

Por otra parte, la celeridad de este proceso se exterioriza en la **inexistencia de recurso** contra las resoluciones que se dicten en su tramitación, salvo contra el auto por el cual el juez o tribunal declare su incompetencia, tal y como se establece en el art. 161 de la LRJS.

Asimismo dispone el art. 162 de la LRJS, que si se recibe en el juzgado o tribunal comunicación de las partes de haber quedado solventado el conflicto, se procederá por el LAJ sin más al archivo de las actuaciones, cualquiera que sea el estado de su tramitación anterior a la sentencia.

Particularidades propias de la sentencia

En relación con las particularidades propias de la **sentencia** cabe mencionar las siguientes:

- Debe notificarse, en su caso, a la autoridad laboral competente (art. 160.2 de la LRJS).

- Es una sentencia **ejecutiva**, desde el momento en que se dicte, no obstante el recurso que contra la misma pueda interponerse, y según la naturaleza de la pretensión deducida (art. 303.1 de la LRJS). Dicho recurso ha de ser o bien el de suplicación o bien el de casación, tras haber desaparecido el recurso especial para estos procesos establecido en la Ley de Procedimiento Laboral.

- El art. 160.3 de la LRJS, dispone que *«(...) de ser estimatoria de una pretensión de condena susceptible de ejecución individual, deberá contener, en su caso, la concreción de los datos, características y requisitos precisos para una posterior individualización de los afectados por el objeto del conflicto y beneficiados por la condena y especificar la repercusión directa sobre los mismos del pronunciamiento dictado. Asimismo deberá contener, en su caso, la declaración de que la condena ha de surtir efectos procesales no limitados a quienes hayan sido partes en el proceso correspondiente».*

- La sentencia firme producirá efectos de cosa juzgada sobre los procesos individuales pendientes de resolución o que puedan plantearse, que versen sobre idéntico objeto o en relación de directa conexidad con aquél, tanto en el orden social como en el contencioso-administrativo, que quedarán en suspenso durante la tramitación del conflicto colectivo. La suspensión se acordará aunque hubiere recaído sentencia de instancia y estuviere pendiente el recurso de suplicación y de casación, vinculando al tribunal correspondiente la sentencia firme recaída en el proceso de conflicto colectivo, incluso aunque en el recurso de casación unificadora no se hubiere invocado aquélla como sentencia contradictoria. (STS, rec. 2019/2008, de 5 de mayo de 2009, ECLI:ES:TS:2009:3399; STS, rec. 5481/2005, de 31 de enero de 2007, ECLI:ES:TS:2007:887).

- El efecto normativo de la sentencia firme de conflicto colectivo no impide, sin embargo, que se dicte sentencia en los procesos individuales pendientes, sino que solamente obliga a que la decisión que se adopte en los mismos «siga y aplique los mandatos establecidos por la sentencia firme anterior». Se produce de esta manera lo que se denomina «efecto positivo» o «prejudicial» de la cosa juzgada, que suspende el trámite de los procesos individuales sobre idéntico objeto hasta que adquiera firmeza la sentencia colectiva, pero no el «efecto negativo» o «preclusivo» de la cosa juzgada, el cual impide que los tribunales se pronuncien de nuevo sobre un asunto ya resuelto por una sentencia firme anterior.

- La sentencia que se dicta en el proceso de conflicto colectivo define el sentido en que se ha de interpretar la norma discutida o el modo en que ésta ha de ser aplicada. (STS, rec. 4755/2004, de 5 de diciembre de 2005, ECLI:ES:TS:2005:7543, STS, rec. 3637/2010, de 5 de octubre de 2011, ECLI:ES:TS:2011:7961, STS, rec. 4265/2011, de 14 de junio de 2012, ECLI:ES:TS:2012:4701; STS, rec. 2176/2011, de 11 de julio de 2012, ECLI:ES:TS:2012:5627).

CUESTIÓN

¿Qué diferencias existen entre el procedimiento por conflicto colectivo y el de impugnación de convenios colectivos?

El art. 153.1 de la LRJS, dispone que se tramitarán a través del proceso de conflicto colectivo «(...) las demandas que afecten a intereses generales de un grupo genérico de trabajadores o a un colectivo genérico susceptible de determinación individual y que versen sobre la aplicación e interpretación de una norma estatal, convenio colectivo, cualquiera que sea su eficacia, pactos o acuerdos de empresa, o de una decisión empresarial de carácter colectivo (...)». Mientras que por su parte los arts. 163. 164 y 165 de la LRJS, regulan el proceso de impugnación por ilegalidad o lesividad de convenios colectivos, en los que se sostenga que una determinada previsión convencional no es ajustada a derecho por contravenir preceptos legales de necesaria aplicación o lesionar intereses de terceros. (STS n.º 502/2023, de 11 de julio de 2023, ECLI:ES:TS:2023:3444).

JURISPRUDENCIA

STS n.º 35/2024, de 22 de febrero del 2024, ECLI:ES:TS:2024:1427

Para el TS, el procedimiento de conflicto colectivo es adecuado para tratar la pretensión de reconocimiento del derecho del colectivo a que la fecha de antigüedad en la empresa se compute desde la fecha del ingreso sin descontar período alguno.

STS, rec. 187/2010, de 11 de octubre de 2011, ECLI:ES:TS:2011:7965

La sentencia de conflicto colectivo de condena exigirá, conforme dispone el art. 160.3 de la LRJS, que sea susceptible de ejecución individual, lo que le obligará a concretar en el fallo los datos, características y requisitos precisos para una posterior individualización de los afectados por el objeto del conflicto y beneficiados por su condena y especificar la repercusión directa sobre los mismos del pronunciamiento dictado, previniéndose, a continuación, que deberá contener, en su caso, la declaración de que la condena ha de surtir efectos procesales no limitados a quienes hayan sido partes en el proceso correspondiente, lo cual no era posible con las sentencias meramente declarativas, que en la regulación anterior eran las sentencias colectivas normalizadas. En efecto, la jurisprudencia distinguía claramente de las sentencias declarativas y de condena, señalando que, a diferencia de lo que ocurre con las sentencias meramente declarativas que pueden tener por objeto «la aplicación e interpretación de una norma general de una norma estatal, convenio colectivo (...) o una decisión o práctica de empresa» desde una perspectiva general que coincide con el interés también general del grupo, la sentencia de condena no se detiene en este elemento interpretativo de carácter general, sino que, al imponer el cumplimiento de la obligación en el caso concreto, parte del cumplimiento de todos los elementos fácticos que constituyen esa obligación y de la inexistencia de los hechos impeditivos o extintivos que pueden excluirla.

STS, rec. 79/2020, de 21 de diciembre de 2021, ECLI:ES:TS:2021:4870

Se considera la inadecuación de procedimiento de conflicto colectivo para la reclamación de encuadramiento y clasificación profesional de un grupo de trabajadores.

«(...) el conflicto colectivo exige que afecte al interés general de un grupo genérico e indeterminado de trabajadores, aquí no resulta apreciable ese interés general porque el análisis de las pretensiones formuladas exige la acreditación de que todos y cada uno de los integrantes del grupo cumplen las exigencias que el convenio colectivo determina para el acceso a la categoría profesional que reclaman para todos indistintamente. Como se ha visto estas exigencias convencionales no son en modo alguno genéricas, sino concretas; se requiere una determinada formación académica y/o profesional; además de una determinada experiencia reflejada en la realización previa de determinadas tareas que el convenio describe».

STS n.º 852/2016, de 18 octubre, ECLI:ES:TS:2016:4807

Subrayaba que, a efectos del conflicto colectivo, la configuración del grupo, como es obvio, no constituye una unidad aislada de los individuos que en última instancia lo integran, y a los que como trabajadores individuales en definitiva afecta el conflicto colectivo y que pueden en su momento hacer valer el derecho que eventualmente se reconozca y declare en el mismo. Pero existe una clara diferencia entre el grupo como tal y los trabajadores individuales que en última instancia lo componen, y consiste en que el grupo está configurado por rasgos y conceptos que a priori y no sujetos a prueba lo configuran, mientras que los trabajadores individuales forman parte o no del anterior en atención a circunstancias personales que en cada caso han de probarse.

STS, rec. 79/2020, de 21 de diciembre de 2021, ECLI:ES:TS:2021:4870

«(...) la clave para establecer la diferencia entre un conflicto individual o plural y un conflicto colectivo no reside ni ha residido nunca en el número de sujetos que quedan afectados por la controversia. Por el contrario, la diferencia entre unos y otros se ha venido situando en las características y alcance del interés discutido: si el interés en juego es el propio, personal e individual de cada uno de los trabajadores, se ha considerado que estamos bien ante un conflicto individual -cuando el afectado era un trabajador- o bien ante un conflicto plural -cuando los afectados individualmente eran varios trabajadores-; en cambio, si como afirmaba el art. 151.1 LPL - y reitera el art. 153.1 LRJS -, el interés en litigio es el general de un grupo genérico de trabajadores, se ha estimado que el conflicto era colectivo, con independencia de que fueran muchos o pocos los afectados.

Junto a la existencia de un grupo genérico de trabajadores, que aquí no se discute, la existencia de un verdadero conflicto colectivo requiere la simultánea concurrencia del llamado elemento objetivo, manifestado en el art. 153.1 LRJS por la exigencia de que las demandas afecten a "intereses generales" del grupo genérico de trabajadores. La clave que resulta decisiva y determinante para diferenciar cuando estamos ante un conflicto colectivo y cuando ante un conflicto plural o individual consiste en atender al tipo de valoraciones, más o menos concretas, que el examen y resolución de la cuestión planteada requieren: si la pretensión formulada puede resolverse de forma abstracta, sin atender a situaciones particulares de cada trabajador, habrá que considerar adecuada la vía del proceso de conflicto colectivo; por el contrario, cuando estemos ante demandas cuya solución exija tener en cuenta las circunstancias personales de cada uno de los sujetos afectados, entonces la tramitación habrá de realizarse por la vía del proceso ordinario o el que, en su caso, corresponda».

8.2. Impugnación de decisiones y laudos relacionados con los medios de solución extrajudicial de conflictos

La impugnación de los convenios colectivos viene desarrollada en los artículos 163-166 de la Ley Reguladora de la Jurisdicción Social.

Como hemos adelantado, al amparo de lo establecido en el art. 163 de la LRJS, el motivo de **impugnación de un convenio colectivo (estatutario), o de los laudos arbitrales sustitutivos de estos**, se circunscribe a la acusación de presunta vulneración de la legalidad vigente o por grave lesión del interés de terceros. Como analizaremos, por tanto, las **principales causas por las que se puede impugnar un convenio colectivo** son su **ilegalidad** (ej.: ausencia de exigencias formales del convenio colectivo para su consideración como estatutario, por falta de legitimación de las partes negociadoras o exclusión de algún sujeto legitimado para negociar) o su **lesividad** frente a terceros (cuando algún sujeto no participante en la negociación del convenio considere que este resulta perjudicial para sus intereses).

Debe aclararse en primer término:

- **Si el convenio colectivo no hubiera sido aún registrado ante la oficina pública correspondiente** —conforme a lo dispuesto en el art. 90.2 del ET—, el art. 163.2 de la LRJS, los representantes legales o sindicales de los trabajadores. Los empresarios que sostuvieran la ilegalidad del convenio o los terceros lesionados que la invocaran, deberán **solicitar previamente de la autoridad laboral que curse al juzgado o Sala su comunicación de oficio.**

- **En el caso de que la solicitud anterior no fuera contestada en el plazo de quince días, fuera desestimada o si el convenio colectivo ya hubiere sido registrado,** la impugnación podrá instarse directamente por los legitimados para ello por los trámites del proceso de conflicto colectivo (STS n.° 98/2018, de 6 de febrero de 2018, ECLI:ES:TS:2018:573 y SAN n.° 166/2022, de 15 de diciembre del 2022, ECLI:ES:AN:2022:5784).

Tal y como dispone el art. 163.4 de la LRJS *«(...) la falta de impugnación directa de un convenio colectivo de los mencionados en el apartado 1 de este artículo no impide la impugnación de los actos que se produzcan en su aplica-*

ción, a través de los conflictos colectivos o individuales posteriores que pudieran promoverse por los legitimados para ello, fundada en que las disposiciones contenidas en los mismos no son conformes a Derecho. El juez o tribunal que en dichos procedimientos apreciara la ilegalidad de alguna de las referidas disposiciones lo pondrá en conocimiento del Ministerio Fiscal para que, en su caso, pueda plantear su ilegalidad a través de la modalidad procesal de impugnación de convenios colectivos».

RESOLUCIÓN RELEVANTE

STSJ Baleares n.º 316/2013, de 13 de junio de 2013, ECLI:ES:TSJBAL:2013:818

Impugnación de acuerdos o pactos de empresa sustitutivos.

«(...) lo impugnado en este procedimiento es un acuerdo o pacto de empresa de los llamados sustitutivos, por los que se regula una cuestión no regulada en Convenio Colectivo estatutario. Este acuerdo está expresamente previsto en el artículo 22 ET cuando lo que se regula es el sistema de clasificación profesional. Estos acuerdos, en la medida en que sustituyen los convenios colectivos estatutarios de empresa tienen la misma eficacia normativa y general que estos, de los que en puridad sólo los diferencia la falta de registro y publicación.

Partiendo de esta idea, la impugnación de tales acuerdos debe llevarse a cabo por los trámites del procedimiento especial de conflictos colectivos, al que se remite el art. 163.3 LRJS para la impugnación de los convenios colectivos que no han sido registrados y publicados, sin perjuicio de la impugnación de los actos de aplicación de tales acuerdos, a través de los conflictos colectivos o individuales posteriores que pudieran promoverse por los legitimados para ello, fundada en que las disposiciones contenidas en los mismos no son conformes a Derecho (art. 163.3 LRJS).

Cuando, como aquí, lo que se pretende es la anulación o inaplicación general del acuerdo colectivo de empresa sólo están legitimados activamente las personas u órganos a que se refiere el artículo 165.1 LRJS, careciendo de acción los trabajadores a título individual. Esta es la única solución que encaja en los principios que inspiran nuestro sistema de relaciones colectivas e individuales de trabajo».

STS n.º 98/2018, de 6 de febrero de 2018, ECLI:ES:TS:2018:573

Legitimación activa al delegado de personal de uno de los centros de trabajo para impugnar el convenio colectivo de empresa. El delegado de personal único de uno de los centros de trabajo de la empresa está legitimado para la impugnación del convenio colectivo de empresa multicéntrica, y todo ello a pesar de haber abandonado voluntariamente la mesa negociadora. Diferencia entre las reglas sobre promoción de conflicto colectivo, impugnación de medidas de reestructuración e impugnación de convenios colectivos.

JURISPRUDENCIA

STS, rec. 45/2007, de 15 de junio de 2008, ECLI:ES:TS:2008:4549

«Resulta adecuado el proceso de impugnación de convenios cuando el contenido real de la pretensión tiene un alcance que excede de lo que se conoce como interpretación armonizadora o interpretación de adecuación [lo que suele constituir el objeto de los conflictos colectivos] y persigue, como aquí sucede, la invalidación de una regla o precepto establecido en un convenio colectivo (TS de 5-XII-1994, rec. 1479/93) o un laudo (TS de 10-XII-2003, rec. 3/03). Este tipo de pretensiones impugnatorias, cualquiera que sea la eficacia del acuerdo que se cuestione, debe tramitarse por la modalidad procesal [impugnación de convenios colectivos](...)»

Legitimación activa y pasiva

Las reglas sobre legitimación contenidas en el art. 165.1 de la LRJS deben entenderse como específicas y diferentes de las establecidas en el art. 154 de la LRJS para el proceso de conflictos colectivos. Esto ocurre porque por aplicación del principio de especialidad aquellas deben prevalecer sobre éstas, al ser evidente que el legislador ha querido, con decidida voluntad, establecer y ordenar ese tratamiento dispar.

- Si la impugnación se fundamenta en la **ilegalidad**, a los órganos de representación legal o sindical de los trabajadores, sindicatos y asociaciones empresariales interesadas (art. 17.2 y 163.1 de la LRJS y Ley 19/1977, de 1 de abril), así como al Ministerio Fiscal, a la Administración General del Estado y a la Administración de las Comunidades Autónomas su respectivo ámbito. A los efectos de impugnar las cláusulas que pudieran contener discriminaciones directas o indirectas por razón de sexo, están también legitimados el Instituto de la Mujer y los organismos correspondientes de las Comunidades Autónomas [art. 165.1.a) de la LRJS]. La ley no confiere legitimación al empresario para impugnar directamente la legalidad de un convenio colectivo por el trámite del proceso de conflictos colectivos, sin embargo si se la otorga para instar de la autoridad laboral que curse al juzgado la correspondiente comunicación de oficio (art. 163.2 de la LRJS). (STS n.º 288/2022, de 31 de marzo de 2022,ECLI:ES:TS:2022:1341).

- Si el motivo de la impugnación fuera la **lesividad** [art. 165.1.b) de la LRJS], a los terceros cuyo interés haya resultado gravemente lesionado. No se tendrá por terceros a los trabajadores y empresarios incluidos en el ámbito de aplicación del convenio. El concepto de terceros ha de entenderse referido a quienes sean externos a la unidad de negociación, tal y como afirma la jurisprudencia. (STS, rec. 742/2013, de 11 de febrero de 2014, ECLI:ES:TS:2014:1134).

- El **Ministerio Fiscal** asume necesariamente la condición de parte, tanto en los procedimientos iniciados de oficio (art. 164.6 de la LRJS), como en los incoados directamente por los particulares legitimados (art. 165.4 de la LRJS).

A TENER EN CUENTA. Si la autoridad laboral estimase que algún convenio conculca la legalidad vigente o lesiona gravemente el interés de terceros, se dirigirá de oficio a la jurisdicción social, la cual resolverá sobre las posibles deficiencias previa audiencia de las partes, conforme a lo establecido en la Ley 36/2011, de 10 de octubre, Reguladora de la Jurisdicción Social (art. 90.5 del ET).

La **legitimación pasiva** en estos procesos se atribuye a todas las representaciones integrantes de la comisión o mesa negociadora del convenio, esto es, a las representaciones que componen dicha comisión tanto por parte empresarial como por parte de los trabajadores, pero no a la comisión negociadora en cuanto tal, que carece de entidad. (STSJ de la Comunidad Valenciana n.º 1830/2013, de 23 de julio de 2013, ECLI:ES:TSJCV:2013:4287).

Como hemos visto, la finalidad del procedimiento de impugnación de convenio, ya sea **por ilegalidad o lesividad**, es la nulidad total o parcial del convenio, lo que obliga a tener en cuenta dos tipos de legitimación:

- Respecto a la **legitimación por lesividad,** tema que puede resultar algo confuso, la STS, rec. 157/2018, de 23 de enero de 2020, ECLI:ES:TS:2020:301, señala lo siguiente: *«El art. 165.1.b) de la LRJS reconoce legitimación para impugnar el convenio a los terceros cuyo interés haya resultado gravemente lesionado, cuando el convenio se impugne por lesividad, precisando seguidamente que no se tendrá por terceros a los trabajadores y empresarios incluidos en el ámbito de aplicación del convenio».* (STS, rec. 2923/2009, de 15 de junio de 2010, ECLI:ES:TS:2010:4002).

- **Cuando la impugnación del convenio se funda en su lesividad**, deberá constatarse si el mismo lesiona gravemente el interés de terceros, lo cual obliga a comprobar si su contenido es lesivo para ese interés y profundizar sobre el contenido de la lesividad. La jurisprudencia (STS, rec. 1730/1991, de 15 de marzo 1993, ECLI:ES:TS:1993:1617), ha precisado que la impugnación del convenio por lesividad requiere para su viabilidad, la existencia de un daño con tal origen, no potencial o hipotético, sino verdadero y real, de entidad grave, no necesariamente causado con *animus nocendi*, que afectare a un interés de aquel, jurídicamente protegido, o que se le hubiera producido por quienes negociaron el convenio, usando abusivamente de sus derechos o contraviniendo de otro modo el ordenamiento jurídico', para lo cual procederá determinar si el interés así lesionado se halla o no jurídicamente protegido o si la lesión causada deriva de un acuerdo que excede de lo permitido por el ordenamiento jurídico. Así pues, el concepto de tercero se reserva a quienes no están dentro del ámbito de aplicación del convenio, en tanto que destinatarios de las normas o regulaciones contenidas en aquél, siempre que su regulación afecte y perjudique gravemente sus intereses legítimos. (STS, rec. 203/2016, de 27 de septiembre 2016, ECLI:ES:TS:2016:4452).

Especialidades procesales

Existen en estos procedimientos una serie de especialidades procesales que son comunes a todos ellos, ya se trate de la vía de oficio o de la vía directa por la que se plantee la impugnación del convenio. Estas especialidades son las siguientes:

- Son procesos **exentos de conciliación o mediación previa** (art. 64.1 de la LRJS).

- En cuanto a los **plazos**, no existe a lo largo del ordenamiento laboral un plazo que regule esta materia. Cabe observar que el art. 90.3 del ET solo hace mención al plazo de 20 días que tiene la autoridad laboral para proceder a la publicación del convenio, una vez firmado por las partes, en el Boletín Oficial que corresponda. De dicho precepto, ni de ningún otro, se establece en qué plazo la Autoridad Laboral deberá instar la demanda de oficio, ni tampoco se regulan los posibles efectos que podría haber en caso de que la misma sobrepase los 20 días que tienen para remitir el convenio para su publicación. Por otra parte, tampoco existe un plazo determinado en caso de que estemos ante una demanda interpuesta de parte por ilegalidad de contenido o lesividad a terceros. Lo único que ha tenerse en cuenta, según la jurisprudencia en estos casos, es que el convenio en cuestión esté en vigor en el momento de interposición de la acción (STS, rec. 95/2005, de 5 julio 2006, ECLI:ES:TS:2006:5320; entre otras). Por otro lado, la autoridad laboral debe proceder inevitablemente a efectuar el control de legalidad del convenio y, si estimase que algún convenio conculca la legalidad vigente, o lesiona gravemente el interés de terceros, se dirigirá de oficio a la jurisdicción competente (SAN, rec. 169/2021, de 13 de octubre de 2021, ECLI:ES:AN:2021:4115).

> » Los días del mes de agosto y los días que median entre el 24 de diciembre y el 6 de enero del año siguiente, ambos inclusive, serán **hábiles**, tal y como dispone el art. 43.4 de la LRJS.

* No pueden acumularse las demandas de impugnación del convenio colectivo a ninguna otra (art. 26.1 de la LRJS).

* En relación con la **demanda**, la misma contendrá, además de los requisitos generales, los particulares que para la comunicación de oficio se prevén en el art. 164 de la LRJS, debiendo, asimismo, acompañarse el **convenio y sus copias** (art. 165.3 de la LRJS).

* Aparte de los **requisitos** generales del art. 80 de la LRJS, la demanda ha de reunir además los establecidos en el art. 164 de la LRJS relacionado con la **comunicación de oficio**, esto es (STS n.º 41/2023, de 18 de enero de 2023, ECLI:ES:TS:2023:85):

9.
JURISPRUDENCIA RELEVANTE Y CUESTIONES CONTROVERTIDAS RELACIONADAS CON EL DESCUELGUE DE LAS CONDICIONES DE CONVENIO

Analizamos jurisprudencia relevante y cuestiones controvertidas relacionadas con el descuelgue de las condiciones de convenio.

1. Ausencia de la cláusula de descuelgue salarial en el convenio colectivo aplicable

La ausencia de la cláusula de descuelgue salarial no determina la inaplicación del convenio ni de sus condiciones retributivas, ya que el artículo 82.3 del Estatuto de los Trabajadores permite que existan convenios estatutarios que no regulen esta materia sin que ello afecte a su eficacia. La regulación legal subsidiaria, caracterizada por la exigencia de acuerdo con los representantes de los trabajadores, puede aplicarse en su lugar.

En la STS, rec. 43/2012, de 15 de abril de 2013, ECLI:ES:TS:2013:2131, se reafirmó que el convenio provincial en cuestión posee plena eficacia normativa, siendo este un elemento clave para el caso. Por lo tanto, a pesar de no contar con una cláusula de descuelgue, se consideró que el convenio mantenía su efecto obligatorio para las partes, y se determinaron las implicaciones salariales en virtud de las disposiciones acordadas.

2. Posibles efectos retroactivos del descuelgue salarial

Los descuelgues de convenios no pueden tener efectos retroactivos.

Como su propio nombre indica, el descuelgue sólo produce efectos desde el momento en que se acuerda la inaplicación de la norma convencional, actuando hacia el futuro (STS, rec. 68/2014, de 6 de mayo de 2015, ECLI:ES:TS:2015:2318), toda vez que al obligar a fijar *«las nuevas condiciones (...) y su duración»*, la norma se está refiriendo a la permanencia en el tiempo de lo nuevo, lo que indica la imposibilidad de retroacción de efectos porque lo nuevo es antónimo de lo antiguo y la norma nueva sólo es aplicable a partir de su creación. Y es lógico que así sea porque el convenio colectivo regula las condiciones del trabajo que se va a realizar, el futuro, pero no los derechos ya nacidos y consumados por pertenecer ya al patrimonio del trabajador. Cierto que el convenio colectivo puede disponer de los derechos de los trabajadores reconocidos en un convenio colectivo anterior, pero tal disposición no le faculta a disponer de los derechos que ya se han materializado y han ingresado en el patrimonio del trabajador. (**STS, rec. 206/2014, de 7 de julio de 2015, ECLI:ES:TS:2015:3475 y STS, rec. 110/2014, de 16 de septiembre de 2015, ECLI:ES:TS:2015:3973**)

JURISPRUDENCIA

STS, rec. 206/2014, de 7 de julio 2015, ECLI:ES:TS:2015:3475

Resuelve que un acuerdo por causas económicas, logrado al amparo del artículo 82.3 del ET, no puede modificar en perjuicio del trabajador, con carácter retroactivo, las condiciones salariales que venía disfrutando en virtud de un convenio colectivo, pronunciándose en los siguientes términos:

El descuelgue o apartamiento del convenio colectivo es algo que como su propio nombre indica sólo produce efectos desde el momento en que se acuerda la inaplicación de la norma convencional, actúa hacia el futuro, como dijimos en nuestra sentencia de 6 de mayo de 2015 (R. 68/2014) en supuesto diferente y evidencia el hecho de que la norma habla de las nuevas condiciones aplicables en la empresa y su duración, por cuanto al obligar a fijar 'las nuevas condiciones... y su duración', la norma se está refiriendo a la permanencia en el tiempo de lo nuevo, lo que indica la imposibilidad de retroacción de efectos porque lo nuevo es antónimo de lo antiguo y la norma nueva sólo es aplicable a partir de su creación. Y es lógico que así sea porque el convenio colectivo regula las condiciones del trabajo que se va a realizar, el futuro, pero no los derechos ya nacidos y consumados por pertenecer ya al patrimonio del trabajador. Cierto que el convenio colectivo puede disponer de los derechos de los trabajadores reconocidos en un convenio colectivo anterior (art. 82.3 del ET, en relación con el 86.4 del mismo texto), pero tal disposición no le faculta a disponer de los derechos que ya se han materializado y han ingresado en el patrimonio del trabajador.

STS, rec. 206/2014, de 7 de julio de 2015, ECLI:ES:TS:2015:3475

El descuelgue del convenio aplicable no puede tener efectos retroactivos, aunque se pacten en el acuerdo de modificación condiciones del convenio que se aplica hasta que concluye la vigencia de ese pacto o entra en vigor un nuevo convenio colectivo de aplicación en la empresa.

STS n.º 133/2019, de 21 de febrero de 2019, ECLI: ES:TS:2019:689

La posterior publicación del nuevo convenio colectivo no puede comportar la minoración retroactiva de las retribuciones ya devengadas, con arreglo a consolidada doctrina de la Sala. (Reitera criterio de STS, n.º 1000/2018, de 29 noviembre).

STS, rec. 222/2014, de 13 de octubre de 2015, ECLI: ES:TS:2015:5109

Examinando la impugnación de un precepto del convenio colectivo general de centros y servicios de atención de personas con discapacidad, publicado en el BOE de 9 de octubre de 2012, que en el precepto cuestionado establece la supresión de determinados complementos con efectos de 1 de julio de 2012: «*el convenio colectivo regula las condiciones del trabajo que se va a realizar, el futuro, pero no los derechos ya nacidos y consumados* por pertenecer ya al patrimonio del trabajador. Cierto que el convenio colectivo puede disponer de los derechos de los trabajadores reconocidos en un convenio colectivo anterior (art. 82.3 del ET, en relación con el 86.4 del mismo texto), pero tal disposición no le faculta a disponer de los derechos que ya se han materializado y han ingresado en el patrimonio del trabajador».

3. Modificación de la fecha de pago de los salarios y pagas extraordinarias

El descuelgue no puede afectar a la fecha de pago de los salarios y pagas extraordinarias.

No hay posibilidad de descuelgue de las condiciones del convenio sobre la fecha del pago del salario. El desplazamiento de la fecha de abono de la paga de Navidad, y el fraccionamiento del pago de las nóminas mensuales no pueden realizarse mediante el procedimiento establecido en el artículo 82.3 del ET.

La **SAN n.º 51/2017, de 7 de abril de 2017, ECLI: ES:AN:2017:1178**, desestima la demanda de la empresa especificando que no hay posibilidad descuelgue o inaplicación en aquellas materias retributivas distintas del sistema de remuneración y cuantía salarial, pues son las únicas a las que se refiere expresamente le norma, el sistema de remuneración, son los criterios o reglas que fijan los distintos conceptos retributivos o la estructura salarial y la manera de percibir los mismos , pero nunca se refieren a la fecha de pago por la prestación del trabajo, pues en otro caso el legislador habría optado por referir «la fecha de pago del salario y de los demás conceptos retributivos». Por tanto, el aplazamiento de la fecha de pago de la paga extraordinaria de navidad así como del abono del salario pactado, no son materias susceptibles de incardinarse en el sistema de remuneración motivo por el cual no caben dentro del mecanismo previsto en el artículo 82.3 del ET.

4. Liquidación por diferencias de cotización en caso de no seguir el procedimiento del artículo 82.3 del ET

Para que un acuerdo de descuelgue salarial sea considerado legal, debe ser adoptado cumpliendo los procedimientos establecidos en el artículo 82.3 del Estatuto de los Trabajadores. Si no se siguen estos procedimientos, la administración puede liquidar las diferencias de cotización debidas, ya que se presume la ilegalidad del descuelgue.

La STS n.º 1235/2024, de 9 de julio del 2024, ECLI:ES:TS:2024:3857, concluye que la empresa no cumplió con el procedimiento requerido para el descuelgue salarial. Por lo tanto, la Tesorería General de la Seguridad Social tiene la competencia para exigir el pago de las diferencias de cotización resultantes de dicho descuelgue no ajustado a derecho. Esto implica que, al no ser el descuelgue acreditado como válido, la empresa está obligada a abonar las liquidaciones correspondientes por las diferencias de cotización.

5. Desempleo en caso de extinción por voluntad del trabajador debido a un descuelgue salarial

La extinción del contrato por voluntad del trabajador debido a un descuelgue salarial no constituye situación legal de desempleo.

Como ha razonado el ATS, rec. 3820/2021, de 24 de mayo de 2022, ECLI:ES:TS:2022:8608A, la reducción del salario producida por un descuelgue salarial del art. 82.3 del ET es un procedimiento distinto a la modificación sustancial de las condiciones de trabajo del art. 41 del ET, por lo que en supuestos como el tratado, se produce una baja voluntaria que no es situación legal de desempleo (SLD) de acuerdo con el art. 267 de la LGSS.

6. Inaplicación de las condiciones de un convenio colectivo en situación de ultraactividad

La doctrina del Tribunal Supremo establece que, para que una empresa pueda no aplicar las condiciones de un convenio colectivo en situación de ultraactividad, es preciso realizar un procedimiento de descuelgue. Esto implica que la empresa debe justificar adecuadamente dicha decisión ante las circunstancias económicas o productivas que lo motiven.

7. Inaplicación de condiciones de trabajo previstas en el convenio únicamente a una parte de la plantilla

Sería posible que solo una parte de la plantilla de la empresa se vea afectada por la adopción de medidas temporales de inaplicación del convenio colectivo. La normativa permite la inaplicación de condiciones de trabajo previstas en el convenio colectivo aplicable cuando concurran causas económicas, técnicas, organizativas o de producción, y esto puede afectar a una parte específica de la plantilla.

En interpretación del reiterado artículo 82.3 del ET, la STS n.º 696/2017, de 19 de septiembre, ECLI:ES:TS:2017:3727, señala:

> «La conexión entre las posibilidades de modificar las condiciones de trabajo y el ámbito de la negociación colectiva queda delimitada de modo expreso en la propia regulación del art. 41.6 ET, que establece las cortapisas para que, por ese cauce, pueda afectarse lo dispuesto en el convenio colectivo, exigiendo en todo caso acudir a lo establecido en el art. 82.3 ET. Existiendo convenio, sólo las partes legitimadas al amparo del Título III del ET pueden planteare su inaplicación por la vía de este último precepto o, en su caso, su revisión conforme al art. 86.1 ET.
>
> (...) Por consiguiente, la puesta en marcha del trámite del art. 41 ET por parte de la empresa será posible cuando no exista convenio colectivo que tenga la naturaleza de convenio colectivo estatutario con arreglo al citado Título III".
>
> Bajo ese insoslayable presupuesto, seguidamente precisa que "No puede excluirse la posibilidad de que, aun cuando se esté negociando un

convenio colectivo de aplicación a las relaciones laborales de la empresa, puedan surgir las circunstancias que se configuran como causas legales válidas para la adopción de las medidas modificativas, las cuales están contempladas en nuestro ordenamiento jurídico como instrumentos de respuesta a situaciones negativas que justifican una actuación efectiva e inmediata, ligada a la coyuntura, sin otro blindaje que el que provenga de la regulación por convenio colectivo, como ya hemos señalado. En todo caso, el convenio colectivo que, finalmente, resulte de la negociación colectiva fijará el marco de condiciones de trabajo a aplicar en su ámbito y, en su caso, afectará a aquéllas que se hubieran visto alteradas por la medida empresarial, como también lo haría de llevarse a cabo la modificación con acuerdo. Téngase en cuenta que la actuación en el marco del art. 41 ET no necesariamente se extiende al mismo ámbito del convenio que pueda estar en negociación, ni siquiera exige que la configuración del banco social sea la misma que la que la ley establece para la válida conformación de la comisión negociadora de un convenio colectivo. Piénsese en lo que sucedería si el ámbito del convenio colectivo fuera superior o si la comisión constituida al amparo del art. 41.4 ET no estuviera integrada por los mismo sujetos legitimados que están negociando el convenio colectivo».

Como en tal sentido recuerda la STS n.º 312/2024, de 21 de febrero, ECLI:ES:TS:2024:1055, cuando *«(...) el convenio es de carácter estatutario (y por consiguiente negociado de acuerdo con lo dispuesto en el Título III del ET , por todas STS de 6 de octubre de 2009, rec.3012/06) su modificación habrá de hacerse por un convenio de la misma naturaleza (STS de Sala General de 30 de junio de 1998, rec.2987/1997 seguida en SSTS de 21 de febrero de 2000, rec. 686/1999, de 18 de octubre de 2004, rec.191/2003). En este sentido en STS 11 de julio de 2006, Rec.107/2005 vinimos a concluir que no cabe la modificación de un convenio colectivo estatutario por un simple pacto colectivo posterior, aunque en él intervengan todos los representantes patronales y de los trabajadores que hubiesen constituido la mesa negociadora del convenio; y es que la legitimación para negociar una modificación parcial del convenio reside en los representantes actuales legitimados y no en los que negociaron el convenio que se modifica».*

En definitiva, *«La finalidad de las previsiones legales contenidas en los arts . 41.6 y 82.3 ET, no es otra que la de exigir a la empresa la necesidad de acudir al procedimiento de descuelgue previsto en este último precepto, cuando pretendan exonerarse del cumplimiento de cualquier obligación impuesta en el convenio colectivo».* (STS n.º 607/2021, de 8 de junio, ECLI:ES:TS:2021:2677 y STS n.º 55/2025, de 28 de enero del 2025, ECLI:ES:TS:2025:470).

8. Posibilidad de realizar despidos y salario regulador de la indemnización en caso de despido posterior al descuelgue salarial

Una empresa que se encuentra en situación de descuelgue de convenio colectivo puede llevar a cabo despidos. El descuelgue salarial es una medida que permite a las empresas en dificultades económicas no aplicar las condiciones salariales establecidas en el convenio colectivo, con el objetivo de evitar medidas más drásticas como los despidos. Sin embargo, esto no significa que los despidos están prohibidos.

El salario aplicable para el cálculo de la indemnización en caso de despido posterior al descuelgue salarial es el que corresponde al trabajador en el momento del despido, no el que estaba percibiendo realmente. Es decir, el salario módulo que debe tenerse en cuenta es el establecido en el convenio colectivo aplicable y en las tablas salariales vigentes en el momento del despido.

> «(...) el salario a tener en cuenta para el cálculo de la indemnización por despido improcedente y salarios de tramitación, no es el que trabajador viniera percibiendo realmente en el momento del despido de ser inferior al establecido en convenio colectivo aplicable, sino precisamente, dado el carácter mínimo e irrenunciable de la norma convencional, el fijado en la misma en función de las circunstancias concretas de antigüedad y categoría profesional del trabajador». (STSJ de Cataluña, rec. 3042/2018, de 18 de septiembre de 2018, ECLI:ES:TSJCAT:2018:6897).

ANEXOS.
FORMULARIOS

Escrito de comunicación a los representantes de los trabajadores del inicio de un periodo de consultas para el descuelgue del convenio colectivo aplicable

A pesar de que normativamente no se exige comunicación escrita, si resulta obligatorio para estos supuestos que la empresa notifique a los representantes de los trabajadores su propósito de descolgarse de las condiciones recogidas en el convenio colectivo de aplicación, el alcance de la medida y las causas que lo motivan así como la fecha de iniciación del período de consultas obligatorio según el art. 82.3 del ET.

En [PROVINCIA], a [DÍA] de [MES] de [AÑO].

[DATOS EMPRESA].

A la att. de la representación legal de los trabajadores/as en la empresa [NOMBRE EMPRESA].

D./D.ª [NOMBRE], con DNI [DNI] administrador de la empresa [NOMBRE EMPRESA], comunica su intención de proceder al **descuelgue de las condiciones de trabajo previstas en el convenio colectivo de** [CONVENIO COLECTIVO APLICABLE] **en materia de** [ESPECIFICAR], por lo que, en virtud del art. 82.3 del Real Decreto Legislativo 2/2015, de 23 de octubre, por el que se aprueba el texto refundido de la Ley del Estatuto de los Trabajadores en referencia al 41.4 del mismo texto legal, procede a citarles, el próximo día [FECHA], a las [HORA] hs. en [LUGAR], para el **inicio del periodo de consultas** reglamentariamente obligatorio.

En virtud de lo anterior, se adjunta a la presente:

- Como anexo I, el desglose justificado de las causas (económicas, técnicas, organizativas o de producción) que justifican la medida pretendida junto con la siguiente documentación:
- [DESCRIPCIÓN].
- Como anexo II, el desglose justificado de las condiciones de trabajo previstas en el convenio colectivo aplicable cuyo descuelgue se pretende.
- Como anexo III, el desglose, con exactitud, de la propuesta de nuevas condiciones de trabajo aplicables en la empresa y su duración.
- Como anexo IV, el desglose de los trabajadores/as afectados.

Sin otro particular, y rogándoles que, en cumplimiento de la normativa vigente y a efectos de nuestra constancia y archivo firme la copia del presente escrito.

Atentamente,

[FIRMA_Y_SELLO EMPRESA]

La empresa.

Recibimos el original:

[FIRMA]

Representación legal de los trabajadores/as en la empresa [NOMBRE EMPRESA].

Modelo de acta de apertura para descuelgue de condiciones de convenios colectivos

La empresa y los representantes de los trabajadores legitimados para negociar un convenio colectivo establecido en el artículo 87.1 del Estatuto de los Trabajadores, pueden acordar, previo desarrollo de un periodo de consultas según lo previsto en el artículo 41.4 ET la inaplicación de condiciones de trabajo determinadas, que afectan a jornada, horario, distribución del tiempo de trabajo, régimen de trabajo a turnos, remuneración y cuantía salarial, sistema de trabajo y rendimiento, funciones, movilidad funcional y mejoras.

Acta de apertura del período de consultas para descuelgue de las condiciones del Convenio [CONVENIO COLECTIVO APLICABLE] en la empresa [NOMBRE EMPRESA]

En [DÍA] de [MES] de [AÑO].

ASISTENTES:

• **Por la Empresa:**

D./D.ª [NOMBRE].

D./D.ª [NOMBRE].

• **Por los Trabajadores:** (1)

D./D.ª [NOMBRE].

D./D.ª [NOMBRE].

• **Asesores:**

D./D.ª [NOMBRE].

D./D.ª [NOMBRE].

• **Secretario:**

D./D.ª [NOMBRE].

D./D.ª [NOMBRE].

MANIFIESTAN

En [PROVINCIA], a [DÍA] de [MES] de [AÑO] siendo las [HORA] horas, se reúnen en [LOCALIDAD] los representantes de la empresa [NOMBRE EMPRESA] y de los trabajadores, que al margen se relacionan, a los efectos de iniciación del período de consultas de conformidad con el art. 82.3 del Real Decreto Legislativo 2/2015, de 23 de octubre, por el que se aprueba el texto refundido de la Ley del Estatuto de los Trabajadores, iniciado por la citada empresa en fecha [DÍA] de [MES] de [AÑO].

ACUERDAN

Primero.- Se informa por la representación de la empresa de la situación actual y de las medidas que se pretende adoptar para la viabilidad de la misma, entregando como doc. núm. 1 [ESPECIFICAR], doc. núm. 2 [ESPECIFICAR] y doc. núm. 3 [ESPECIFICAR] e informes técnicos pertinentes como doc. núm. [ESPECIFICAR].

Segundo.- Seguidamente, y por la representación de los trabajadores, se manifiesta su oposición y disconformidad en base a [DESCRIPCIÓN].

Tercero.- Se estudia, por la representación legal de los trabajadores, la documentación e informes aportados por la empresa, llegándose a las siguientes conclusiones y posiciones por las partes:

- Por parte de la empresa, [ESPECIFICAR].

- Por parte de la representación legal de los trabajadores, [ESPECIFICAR].

Cuarto.- Se acuerda, asimismo, continuar nuevamente el próximo día [DÍA] de [MES] de [AÑO], a las [HORA] horas, en el mismo lugar, teniendo presente el plazo máximo de 15 días. (2)

Y firman, en prueba de conformidad, los asistentes, en fecha y lugar del encabezamiento.

Fdo.: [FIRMA ASISTENTE].

DNI: [DNI]

Fdo.: [FIRMA ASISTENTE].

DNI: [DNI]

Fdo.: [FIRMA ASISTENTE].

DNI: [DNI]

---

(1) La intervención como interlocutores ante la dirección de la empresa en el procedimiento de consultas corresponderá a los sujetos indicados en el artículo 41.4 del ET, en el orden y condiciones señalados en el mismo.
(2) En aplicación del art. 41.4 del ET, se fija una duración no superior a quince días para el desarrollo del periodo de consultas.

Acta de finalización de periodo de consultas con los representantes de los trabajadores con acuerdo sobre descuelgue del convenio

Cuando concurran causas económicas, técnicas, organizativas o de producción, por acuerdo entre la empresa y los representantes de los trabajadores legitimados para negociar un convenio colectivo conforme a lo previsto en el art. 87.1 del Estatuto de los Trabajadores, se podrá proceder, previo desarrollo de un periodo de consultas en los términos del art. 41.4 del ET, a inaplicar en la empresa las condiciones de trabajo previstas en el convenio colectivo aplicable, sea este de sector o de empresa, que afecten a determinadas materias recogidas en el art. 82.3 del ET.

El presente formulario permite consignar el acta de finalización de periodo de consultas, con acuerdo, sobre las condiciones de descuelgue de un convenio colectivo. Cuando el periodo de consultas finalice con acuerdo se presumirá que concurren las causas justificativas, y solo podrá ser impugnado ante la jurisdicción social por la existencia de fraude, dolo, coacción o abuso de derecho en su conclusión.

El acuerdo deberá determinar con exactitud las nuevas condiciones de trabajo aplicables en la empresa y su duración, que no podrá prolongarse más allá del momento en que resulte aplicable un nuevo convenio en dicha empresa. El acuerdo de inaplicación no podrá dar lugar al incumplimiento de las obligaciones establecidas en convenio relativas a la eliminación de las discriminaciones por razones de género o de las que estuvieran previstas, en su caso, en el plan de igualdad aplicable en la empresa. Asimismo, el acuerdo deberá ser notificado a la comisión paritaria del convenio colectivo.

En [PROVINCIA], a [DÍA] de [MES] de [AÑO].

REUNIDOS:

Por la Representación de los Trabajadores: (1)

- D./D.ª [NOMBRE REPRESENTANTE].
- D./D.ª [NOMBRE REPRESENTANTE].
- D./D.ª [NOMBRE REPRESENTANTE].

Que constituyen la totalidad de los miembros [COMITÉ DE EMPRESA/REPRESENTANTES DE LOS TRABAJADORES].

Por la Empresa [NOMBRE EMPRESA]:

- D./D.ª [NOMBRE REPRESENTANTE].
- D./Dª. [NOMBRE REPRESENTANTE].
- D./Dª. [NOMBRE REPRESENTANTE].

Reunidos los arriba citados, compareciendo en nombre de sus correspondientes representaciones y reconociéndose mutuamente la capacidad necesaria para la conclusión del presente ACUERDO DE FINALIZACIÓN DEL PERÍODO DE CONSULTAS PARA INAPLICACIÓN DEL CONVENIO COLECTIVO [CONVENIO COLECTIVO APLICABLE], al amparo del artículo 82.3 del Real Decreto Legislativo 2/2015, de 23 de octubre, por el que se aprueba el texto refundido de la Ley del Estatuto de los Trabajadores:

MANIFIESTAN (2)

Que, tras varias conversaciones desarrolladas en el seno del período de consultas abierto para el descuelgue del [CONVENIO COLECTIVO APLICABLE], la Dirección de la empresa y representantes de los trabajadores dan por finalizado el periodo de consultas CON ACUERDO, conforme a los pactos que a continuación se relacionan. (3)

CLÁUSULAS

PRIMERA.- La empresa, una vez estudiada conjuntamente con los representantes de los trabajadores la situación de la misma, reitera la necesidad de inaplicación de las condiciones de trabajo previstas en el convenio colectivo [CONVENIO COLECTIVO APLICABLE] en base a razones [ESPECIFICAR RAZONES ECONÓMICAS, TÉCNICAS, ORGANIZATIVAS O DE PRODUCCIÓN], de las siguientes materias: (4)

1. [ESPECIFICAR] (Jornada de trabajo).

2. [ESPECIFICAR] (Horario y la distribución del tiempo de trabajo).

3. [ESPECIFICAR] (Régimen de trabajo a turnos).

4. [ESPECIFICAR] (Sistema de remuneración y cuantía salarial).

5. [ESPECIFICAR] (Sistema de trabajo y rendimiento).

6. [ESPECIFICAR] (Funciones, cuando excedan de los límites que para la movilidad funcional prevé el artículo 39 ET).

7. [ESPECIFICAR] (Mejoras voluntarias de la acción protectora de la Seguridad Social).

Toda vez que le es imprescindible para reorganizar su plan de producción y ayudar a paliar la crisis económica de la misma.

SEGUNDA.- Que los representantes de los trabajadores y los representantes de la empresa aceptan la existencia de la causa alegada anunciada por la empresa.

TERCERA.- Que finaliza el período de consultas con **ACUERDO ENTRE LAS PARTES** con una duración no superior a **QUINCE DÍAS**.

CUARTA.- Ambas representaciones aprueban la inaplicación en las condiciones fijadas por convenio en los siguientes términos:

1. [ESPECIFICAR] (Jornada de trabajo).

2. [ESPECIFICAR] (Horario y la distribución del tiempo de trabajo).

3. [ESPECIFICAR] (Régimen de trabajo a turnos).

4. [ESPECIFICAR] (Sistema de remuneración y cuantía salarial).

5. [ESPECIFICAR] (Sistema de trabajo y rendimiento).

6. [ESPECIFICAR] (Funciones, cuando excedan de los límites que para la movilidad funcional prevé el artículo 39 ET).

7. [ESPECIFICAR] (Mejoras voluntarias de la acción protectora de la Seguridad Social).

QUINTA.- Las medidas acordadas afectarán a un número de [NÚMERO] trabajadores/as, concretamente: (5)

1. [ESPECIFICAR].

2. [ESPECIFICAR].

3. [ESPECIFICAR].

4. [ESPECIFICAR].

Respecto al aspecto temporal, dichas modificaciones tendrán una duración de [ESPECIFICAR] sin prolongarse más allá de la vigencia del propio convenio colectivo.

SEXTA.- Este acuerdo de inaplicación no da lugar al incumplimiento de las obligaciones establecidas en convenio relativas a la eliminación de las discriminaciones por razones de género o de las que estuvieran previstas, en su caso, en el plan de igualdad aplicable en la empresa.

SÉPTIMA.- El resultado de los procedimientos a que se refieren los párrafos anteriores será comunicado a la autoridad laboral a los solos efectos de depósito.

En los anteriores términos y con la conformidad de las partes concurrentes, se levanta la sesión, redactándose la presente Acta que, tras ser leída por los presentes, la firman en prueba de conformidad y aceptación de su contenido por triplicado y a un solo efecto, en el lugar y fecha del encabezamiento.

[FIRMAS]

---

(1) La intervención como interlocutores ante la dirección de la empresa en el procedimiento de consultas corresponderá a los sujetos indicados en el artículo 41.4 del ET en el orden y condiciones señalados en el mismo.

(2) El acuerdo deberá determinar con exactitud las nuevas condiciones de trabajo aplicables en la empresa y su duración, que no podrá prolongarse más allá del momento en que resulte aplicable un nuevo convenio en dicha empresa.

(3) Cuando el periodo de consultas finalice con acuerdo se presumirá que concurren las causas justificativas y solo podrá ser impugnado ante la jurisdicción social por la existencia de fraude, dolo, coacción o abuso de derecho en su conclusión.

(4) Especificar siguiendo el art. 82.3 del ET.

(5) Identificar a los/as trabajadores/as afectados/as indicando nombre, puesto y cualquier condición específica relacionada con el descuelgue.

Acta de finalización de periodo de consultas sobre descuelgue del convenio sin acuerdo

El artículo 82.3 del Estatuto de los Trabajadores (ET) permite a las empresas inaplicar condiciones de convenio colectivo por causas económicas y organizativas, tras consultas con representantes de trabajadores. Esto puede afectar la jornada, salarios, funciones, entre otros. Sin acuerdo, se puede recurrir a la Comisión Consultiva Nacional de Convenios Colectivos o equivalentes autonómicos.

El presente modelo permite consignar el acta de finalización de periodo de consultas, SIN acuerdo, sobre las condiciones de descuelgue de un convenio colectivo.

En [PROVINCIA] a [DÍA] de [MES] de [AÑO].

REUNIDOS

Por la representación de los trabajadores, (1)

- D./D.ª [NOMBRE REPRESENTANTE].
- D./D.ª [NOMBRE REPRESENTANTE].
- D./D.ª [NOMBRE REPRESENTANTE].

Por la empresa [NOMBRE EMPRESA],

- D./D.ª [NOMBRE REPRESENTANTE].
- D./D.ª [NOMBRE REPRESENTANTE].
- D./D.ª [NOMBRE REPRESENTANTE].

Reunidos los arriba citados, compareciendo en nombre de sus correspondientes representaciones y reconociéndose mutuamente la capacidad necesaria para la conclusión del presente ACUERDO DE FINALIZACIÓN DEL PERÍODO DE CONSULTAS PARA INAPLICACIÓN DEL CONVENIO COLECTIVO [CONVENIO COLECTIVO APLICABLE], al amparo del artículo 82.3 del Real Decreto Legislativo 2/2015, de 23 de octubre, por el que se aprueba el texto refundido de la Ley del Estatuto de los Trabajadores,

MANIFIESTAN

La presente reunión tiene por objeto la finalización del periodo de consultas SIN ACUERDO, y [DESCRIPCIÓN DEL DESCUELGUE Y LOS MOTIVOS POR LOS QUE NO HUBO ACUERDO] (2)

EXPONEN

PRIMERO.- Que habiéndose iniciado el correspondiente periodo de consultas dentro del proceso para inaplicación de las condiciones del convenio colectivo [CONVENIO COLECTIVO APLICABLE] relativas a [ESPECIFICAR] (3), instado por la mercantil [DENOMINACIÓN SOCIAL], la parte empresarial reitera la postura expuesta en reuniones anteriores, considerando las medidas que se relacionan como la única vía posible para paliar la situación.

SEGUNDO.- Según [NOMBRE EMPRESA] existente causa motivadora para la inaplicación de las condiciones del [CONVENIO COLECTIVO APLICABLE] relativas a:

- [DESCRIPCIÓN].
- [DESCRIPCIÓN].

   – [DESCRIPCIÓN].

TERCERO.- Los (delegados de personal/miembros del comité de empresa/delegados sindicales), tras haber analizado toda la documentación y propuestas presentadas por la empresa opta por unanimidad **(4)** por no alcanzar acuerdo alguno, al entender que no existen causas justificativas para que la empresa proceda a las medidas propuestas.

CUARTO.- Ambas partes, dan por terminado el periodo de consultas dentro del Expediente de Regulación de Empleo, y previa lectura del acta, firman la misma en prueba de conformidad de su contenido acordando, someter la solución del conflicto a [ESPECIFICAR]. **(5)**

[FIRMAS]

---

(1) La intervención como interlocutores ante la dirección de la empresa en el procedimiento de consultas corresponderá a los sujetos indicados en el artículo 41.4 del ET, en el orden y condiciones señalados en el mismo.

(2) Cuando el periodo de consultas finalice con acuerdo se presumirá que concurren las causas justificativas, y solo podrá ser impugnado ante la jurisdicción social por la existencia de fraude, dolo, coacción o abuso de derecho en su conclusión.

(3) Consignar según proceda: «económica», «técnicas», «organizativas» o «productivas».

(4) Especificar número de votos en caso de no existir unanimidad.

(5) Consignar «Comisión Consultiva Nacional de Convenios Colectivos» cuando la inaplicación de las condiciones de trabajo afectase a centros de trabajo de la empresa situados en el territorio de más de una comunidad autónoma, o a los órganos correspondientes de las comunidades autónomas en los demás casos.

Modelo de acuerdo de descuelgue salarial

Cuando concurran causas económicas, técnicas, organizativas o de producción, por acuerdo entre la empresa y los representantes de los trabajadores legitimados para negociar un convenio colectivo conforme a lo previsto en el art. 87.1 del ET, se podrá proceder, previo desarrollo de un período de consultas en los términos del art. 41.4 del ET, a inaplicar en la empresa las condiciones de trabajo previstas en el convenio colectivo aplicable, sea este de sector o de empresa, que afecten a las siguientes materias:

a) Jornada de trabajo.

b) Horario y la distribución del tiempo de trabajo.

c) Régimen de trabajo a turnos.

d) Sistema de remuneración y cuantía salarial.

e) Sistema de trabajo y rendimiento.

f) Funciones, cuando excedan de los límites que para la movilidad funcional prevé el art. 39 del ET.

g) Mejoras voluntarias de la acción protectora de la Seguridad Social.

En [PROVINCIA], a [DIA] de [MES] de [ANIO].

REUNIDOS

De una parte, D./D.ª [NOMBRE], D./D.ª [NOMBRE], quien interviene como [REPRE-SENTANTE], de la empresa [NOMBRE EMPRESA], con domicilio social en [DOMICI-LIO SOCIAL] y n.º de inscripción en la Seguridad Social [NÚMERO].

Y de otra parte, D./D.ª [NOMBRE TRABAJADOR], D./D.ª [NOMBRE TRABAJADOR], que constituyen la totalidad de los miembros de [COMITÉ DE EMPRESA/DELEGADOS PERSONAL/SECCIONES SINDICALES/MIEMBROS DE LAS COMISIONES DESIGNA-DAS EN LOS CENTROS DE TRABAJO AFECTADOS]. (1)

Reunidos los arriba citados, compareciendo en nombre de sus correspondientes representaciones y reconociéndose mutuamente la capacidad necesaria para nego-ciar, siendo el objeto de la reunión la inaplicación de las cláusulas retributivas del convenio colectivo del sector en la empresa, tras las oportunas deliberaciones han al-canzado por [UNANIMIDAD/MAYORÍA- INDICAR NÚMERO DE VOTOS EN CONTRA]:

ACUERDAN

PRIMERO.- Que, debido a la situación económica de la empresa, constatada a tra-vés de la documentación aportada por la misma, se reconoce que en la empresa debe aplicarse el descuelgue salarial, dejando de aplicarse por ello desde el día de la fecha las cláusulas retributivas del convenio colectivo de [ESPECIFICAR]. (2)

SEGUNDO.- El presente acuerdo estará vigente hasta la publicación del nuevo convenio colectivo o el día [DÍA] de [MES] de [AÑO], pudiendo las partes prorrogarlo o sustituirlo por otro, previo análisis de la situación económica de la empresa.

TERCERO.- Si durante el período de vigencia del presente acuerdo la empresa obtuviese beneficios, este acuerdo perderá su vigencia.

CUARTO.- Perdida la vigencia del presente acuerdo, los salarios serán los vigentes en ese momento, siguiendo la aplicación del convenio colectivo de [ESPECIFICAR], y las subidas de los complementos salariales se realizarán sobre las cuantías de los mismos que se hubieran abonado de no haberse firmado este acuerdo. (3)

QUINTO.- Las retribuciones en la empresa, mientras dure la inaplicación de las cláusulas salariales del convenio colectivo serán:

CONCEPTO SALARIAL	REBAJA (%)	CONGELACIÓN	DEJARÁ DE PERCIBIRSE
[ESPECIFICAR]	[ESPECIFICAR]	[ESPECIFICAR]	[ESPECIFICAR]
[ESPECIFICAR]	[ESPECIFICAR]	[ESPECIFICAR]	[ESPECIFICAR]
[ESPECIFICAR]	[ESPECIFICAR]	[ESPECIFICAR]	[ESPECIFICAR]
[ESPECIFICAR]	[ESPECIFICAR]	[ESPECIFICAR]	[ESPECIFICAR]

SEXTO.- Durante la vigencia del pacto, la empresa se compromete a informar a los representantes de los trabajadores mensualmente de:

a) La situación económica de la empresa.

b) Medidas tomadas para mejorar la citada situación.

c) Efectos de las medidas.

Y hacer entrega, con igual periodicidad de:

a) Balances.

b) Memoria.

c) Cuenta de resultados.

d) Cuantos documentos se requiera por la representación de los trabajadores.

SÉPTIMO.- Ambas partes comunicarán el acuerdo alcanzado a la Comisión Paritaria del convenio, aportando la documentación económica que acredita la su situación de la empresa y la inaplicación de las cláusulas retribuidas. Igualmente, las partes se someten a la Comisión Paritaria para todas las cuestiones que surgiesen en relación a este acuerdo, con carácter previo a acudir a los Tribunales.

Y en prueba de conformidad, firman el presente acuerdo por triplicado ejemplar en el lugar y fecha arriba citados.

[FIRMAS]

---

(1) La intervención como interlocutores ante la dirección de la empresa en el procedimiento de consultas corresponderá a los sujetos indicados en el art. 41.4 del ET, en el orden y condiciones señalados en el mismo.

(2) Según redacción del art. 82.3 del ET:
CAUSAS ECONÓMICAS, cuando de los resultados de la empresa se desprenda una situación económica negativa, en casos tales como la existencia de pérdidas actuales o previstas, o la disminución persistente de su nivel de ingresos ordinarios o ventas. En todo caso, se entenderá que la disminución es persistente si durante dos trimestres consecutivos el nivel de ingresos ordinarios o ventas de cada trimestre es inferior al registrado en el mismo trimestre del año anterior.
CAUSAS TÉCNICAS, cuando se produzcan cambios, entre otros, en el ámbito de los medios o instrumentos de producción;
CAUSAS ORGANIZATIVAS, cuando se produzcan cambios, entre otros, en el ámbito de los sistemas y métodos de trabajo del personal o en el modo de organizar la producción, y

CAUSAS PRODUCTIVAS, cuando se produzcan cambios, entre otros, en la demanda de los productos o servicios que la empresa pretende colocar en el mercado.

(3) El acuerdo deberá determinar con exactitud las nuevas condiciones de trabajo aplicables en la empresa y su duración, que no podrá prologarse más allá del momento en que resulte aplicable un nuevo convenio en dicha empresa. Asimismo, el acuerdo deberá ser notificado a la comisión paritaria del convenio colectivo y a la autoridad laboral.

Modelo de notificación aplicación descuelgue salarial a la comisión paritaria del convenio colectivo (existencia de cláusula de descuelgue)

El presente modelo permite la comunicación de la aplicación de descuelgue salarial a la comisión paritaria de un convenio colectivo cuando este requisito resulte obligatorio por una cláusula de descuelgue salarial (apdo. 3 del art. 82 del ET).

En [LOCALIDAD] a [DÍA] de [MES] de [AÑO].

A la comisión paritaria del convenio colectivo
de [CONVENIO COLECTIVO APLICABLE]

D./D.ª [NOMBRE], en su calidad de [REPRESENTE] de la empresa [NOMBRE EMPRESA], ante la Comisión Paritaria del Convenio Colectivo de [CONVENIO COLECTIVO APLICABLE] viene a comparecer en la representación que ostenta y

MANIFIESTA

Primero.- Que la empresa [NOMBRE EMPRESA] está incluida en el ámbito de aplicación del convenio colectivo del sector de [ESPECIFICAR].

Segundo.- Que durante el último ejercicio contable [AÑO] - [AÑO] la empresa tuvo pérdidas de [CANTIDAD] euros, siendo el importe de su facturación de [CANTIDAD] euros.

Durante el presente ejercicio las pérdidas son de [CANTIDAD] euros y las ventas de [CANTIDAD] euros, lo que se acredita mediante la documentación anexa a este escrito constituida por: [DESCRIPCIÓN].

La situación definida cuadra con lo establecido en el artículo [NÚM ARTICULO] del convenio colectivo, referente a la inaplicación de las cláusulas económicas, por lo que, a la luz del mismo, vengo a comunicar que la empresa se acoge al citado artículo [NÚM ARTICULO] del convenio, descolgándose del mismo desde el día [DÍA] de [MES] de [AÑO].

Tercero.- Que las nuevas condiciones económicas, que nos vemos obligados a adoptar, se establecerán en función del artículo [NÚM ARTICULO] del convenio, donde se determinan los requisitos y efectos del descuelgue salarial sujetos a los siguientes extremos:

- [ESPECIFICAR SEGÚN CONVENIO]. (1)

- [ESPECIFICAR SEGÚN CONVENIO].

Cuarto.- Que la representación legal de los trabajadores ha sido debidamente informada de la medida adoptada.

Quinto.- Esta situación se acredita con la siguiente documentación, que se acompaña a este escrito:

1. [ESPECIFICAR SEGÚN CONVENIO]. (2)

2. [ESPECIFICAR SEGÚN CONVENIO].

3. [ESPECIFICAR SEGÚN CONVENIO].

Por lo expuesto,

SOLICITO a la comisión paritaria del convenio colectivo [CONVENIO COLECTIVO APLICABLE], que tenga por presentado el presente escrito y de conformidad con lo dispuesto en el artículo 82.3 del Real Decreto Legislativo 2/2015, de 23 de octubre, por el que se aprueba el texto refundido de la Ley del Estatuto de los Trabajadores, se sirva a admitirlo a trámite y acuerde tener por cumplimentado en todos sus extremos la modificación sustancial anteriormente indicada, en lugar y fecha arriba indicados, firmando por duplicado del presente escrito a efectos de su constancia.

[FIRMA]

---

(1) Con carácter general, las empresas podrán recurrir a lo regulado en el artículo 82.3 del ET cuando concurran causas económicas, técnicas, organizativas o de producción. No obstante, de conformidad con lo establecido en los artículos 82.3 y 85.3 c) del Estatuto de los Trabajadores los convenios colectivos pueden establecer las condiciones y procedimientos por los que podrá no aplicarse el régimen salarial establecido. Consignar lo establecido en la cláusula de descuelgue salarial según el convenio colectivo aplicable.

(2) A modo de ej.: Balances, Cuentas de Resultados, informe de Auditores o de Censores de Cuentas, memoria sobre las medidas de carácter general y específico que tengan previsto tomar para solucionar la situación (plan de futuro), y, asimismo, la documentación justificativa de cualquier previsión que impida cumplir con el régimen salarial del convenio.

Modelo para la solicitud de aplicación de descuelgue salarial a la comisión paritaria (no existiendo cláusula de descuelgue) y acta de desacuerdo

El presente modelo permite la solicitud de la aplicación de descuelgue salarial a la comisión paritaria de un convenio colectivo cuando no existe una cláusula específica de descuelgue salarial en el convenio colectivo aplicable (apdo. 3 del art. 82 del ET).

En [LOCALIDAD] a [DÍA] de [MES] de [AÑO].

A la comisión paritaria del convenio colectivo de [CONVENIO COLECTIVO APLICABLE]. Acta de desacuerdo

D./D.ª [NOMBRE], en su calidad de [REPRESENTE] de la empresa [NOMBRE EMPRESA], y la representación de los trabajadores, compuesta por D./D.ª [NOMBRE], en su calidad de [REPRESENTE] y D./D.ª [NOMBRE], en su calidad de [REPRESENTE], ante la comisión paritaria del convenio colectivo de [CONVENIO COLECTIVO APLICABLE] vienen a comparecer en la representación que ostentan y

MANIFIESTAN

Primero.- Que la empresa [NOMBRE EMPRESA] está incluida en el ámbito de aplicación del convenio colectivo del sector de [ESPECIFICAR] publicado el pasado [FECHA] en el boletín oficial [ESPECIFICAR].

Segundo.- Que durante el último ejercicio contable [AÑO] - [AÑO] la empresa tuvo pérdidas de [CANTIDAD] euros, siendo el importe de su facturación de [CANTIDAD] euros.

Durante el presente ejercicio las pérdidas son de [CANTIDAD] euros y las ventas de [CANTIDAD] euros, lo que se acredita mediante la documentación anexa a este escrito constituida por: [DESCRIPCIÓN].

Esta situación se acredita con la siguiente documentación, que se acompaña a este escrito:

1. [ESPECIFICAR]. (1)

2. [ESPECIFICAR].

3. [ESPECIFICAR].

Tercero.- Que tras el correspondiente periodo de consultas con la representación legal de las personas trabajadoras, siguiendo lo establecido en el art. 82.3 del ET, no se ha podido alcanzar un acuerdo respecto al descuelgue de las condiciones del convenio en materia salarial.

Esta situación se acredita adjuntando a este escrito el acta de desacuerdo con la representación de los trabajadores.

Cuarto.- En el reiterado convenio colectivo de [CONVENIO COLECTIVO APLICABLE] no existe cláusula de descuelgue, no obstante, faculta a la comisión paritaria a autorizar el mismo previo examen de la situación y los documentos que lo justifican

Quinto.- Las condiciones económicas que la empresa pretende adoptar son las siguientes:

- [DESCRIPCIÓN]. (2)

Se remiten a la comisión paritaria las distintas actas del periodo de consultas y la documentación correspondiente. Se envían asimismo, en su caso, las alegaciones que efectúa la representación legal de las personas trabajadoras junto con la documentación aportada.

Sexto.- Ambas partes, empresa y representación de las personas trabajadoras, se dirigen a la comisión paritaria para que ésta resuelva la inaplicación planteada, solicitando ambas partes, para el caso de que la Comisión no alcance acuerdo, someterse al Arbitraje Vinculante del correspondiente Servicio Interconfederal de Mediación y Arbitraje.

Por lo expuesto,

SOLICITAN a la comisión paritaria del convenio colectivo [CONVENIO COLECTIVO APLICABLE], que tenga por presentado el presente escrito y de conformidad con lo dispuesto en el artículo 82.3 del Real Decreto Legislativo 2/2015, de 23 de octubre, por el que se aprueba el texto refundido de la Ley del Estatuto de los Trabajadores, se sirva a admitirlo a trámite y acuerde tener por cumplimentado en todos sus extremos el descuelgue salarial anteriormente indicado, en lugar y fecha arriba indicados, firmando por duplicado del presente escrito a efectos de su constancia.

[FIRMAS]

---

(1) A modo de ej.: Balances, Cuentas de Resultados, informe de Auditores o de Censores de Cuentas, memoria sobre las medidas de carácter general y específico que tengan previsto tomar para solucionar la situación (plan de futuro), y, asimismo, la documentación justificativa de cualquier previsión que impida cumplir con el régimen salarial del convenio.

(2) Describir las condiciones y procedimientos para inaplicar el régimen salarial establecido.

Modelo de autorización de registro de convenios y acuerdos colectivos de trabajo (descuelgue salarial)

A fin de iniciar el trámite previsto en el artículo 90.2 del Estatuto de los Trabajadores, así como para proceder a la inscripción del resto de los acuerdos y actos inscribibles previstos en el art. 2 del Real Decreto 713/2010, de 28 de mayo, dentro del plazo de quince días a partir de la firma del convenio o acuerdo colectivo, de la fecha de comunicación de iniciativa de negociaciones o denuncia, la comisión negociadora o quien formule la solicitud, debidamente acreditada, deberá presentar través de medios electrónicos ante el Registro de la autoridad laboral competente la solicitud de inscripción correspondiente.

Mediante un documento como el que a continuación se muestra, la empresa y la representación de los trabajadores podrán designar a la persona que registre, ante la Autoridad Laboral competente, un acuerdo de descuelgue salarial, acuerdo consistente en la inaplicación salarial de las condiciones pactadas en el convenio colectivo.

AUTORIZACIÓN DE REGISTRO DEL ACUERDO COLECTIVO ALCANZADO PARA LA INAPLICACIÓN SALARIAL DEL CONVENIO COLECTIVO DE [CONVENIO COLECTIVO APLICABLE]

En [LOCALIDAD], a [DÍA] de [MES] de [AÑO].

Por la empresa/asociación empresarial [NOMBRE EMPRESA], con CIF n.º [NÚMERO]:

- D./D.ª [NOMBRE REPRESENTANTE], con DNI n.º [NÚMERO], en calidad de [ESPECIFICAR].
- D./D.ª [NOMBRE REPRESENTANTE], con DNI n.º [NÚMERO], en calidad de [ESPECIFICAR].
- (...)

Por la representación de los trabajadores:

- D./D.ª [NOMBRE REPRESENTANTE], con DNI n.º [NÚMERO].
- D./D.ª [NOMBRE REPRESENTANTE], con DNI n.º [NÚMERO].
- (...)

Autorizan (habilitan) a D./D.ª [NOMBRE], con DNI n.º [NÚMERO], para realizar cuantos trámites sean oportunos para el registro del acuerdo suscrito para la inaplicación salarial (descuelgue) de las condiciones establecidas en el convenio colectivo de [CONVENIO COLECTIVO APLICABLE].

[FIRMAS]

Escrito de comunicación por parte de la RLT sobre su intención de impugnar el descuelgue del convenio colectivo

Los convenios colectivos regulados por el Estatuto de los Trabajadores obligan a todos los empresarios y trabajadores. Cuando concurran causas económicas, técnicas, organizativas o de producción, se puede proceder a inaplicar en la empresa las condiciones de trabajo previstas en el convenio colectivo. El proceso regulado para el descuelgue es el 82.3 del ET y requiere que se inicie un periodo de consultas con los trabajadores. En caso de desacuerdo durante el periodo de consultas cualquiera de las partes podrá someter la discrepancia a la comisión paritaria del convenio. La decisión de estos órganos tendrá la eficacia de los acuerdos alcanzados en periodo de consultas y será recurrible conforme al procedimiento y motivos establecidos en el art. 91 del ET. El resultado de la negociación ha de notificarse a la autoridad laboral para su conocimiento.

En [LOCALIDAD], a [DÍA] de [MES] de [AÑO].

[COMITE_EMPRESA_O_RTES TRABAJADORES].

A/A de [NOMBRE EMPRESA].

Estimados/as señores/as:

Por medio de la presente, la representación social de esta mercantil, tras la comunicación recibida el pasado [FECHA] por parte de la mercantil de aplicar un descuelgue de las condiciones del [CONVENIO COLECTIVO APLICABLE] en materia de [ESPECIFICAR], (1)

COMUNICA

Que a pesar de la necesidad de acatar las nuevas condiciones producto del descuelgue realizado del convenio con efectos del [FECHA], se procederá por parte de los representantes de los/las trabajadores/as abajo firmantes a presentar reclamación ante la Jurisdicción Social contra el mismo con amparo en los artículos 82.3 del Real Decreto Legislativo 2/2015, de 23 de octubre, por el que se aprueba el texto refundido de la Ley del Estatuto de los Trabajadores y 153 a 162 de la Ley 36/2011, de 10 de octubre, reguladora de la Jurisdicción Social.

La reclamación judicial por nuestra parte se sustenta en [DESCRIPCION]. (2)

Con el ruego de que acusen recibo de este escrito, atentamente.

[FIRMA]

[COMITE_EMPRESA_O_RTES_TRABAJADORES].

Recibí,

[SELLO_Y_FIRMA EMPRESA]

---

(1) Previo desarrollo de un periodo de consultas en los términos del art. 41.4 del ET, la empresa podrá inaplicar en las condiciones de trabajo previstas en el convenio colectivo aplicable, sea

este de sector o de empresa, que afecten a materias como: a) Jornada de trabajo. b) Horario y distribución del tiempo de trabajo. c) Régimen de trabajo a turnos. d) Sistema de remuneración y cuantía salarial. e) Sistema de trabajo y rendimiento. f) Funciones, cuando excedan de los límites que para la movilidad funcional prevé el artículo 39. g) Mejoras voluntarias de la acción protectora de la Seguridad Social.

(2) A modo de ejemplo: «Falta de aportación documental en período de consultas», «Falta de concurrencia de los presupuestos legales requeridos para el descuelgue de convenio», «Ausencia de comunicación del Acuerdo de descuelgue a la comisión paritaria del convenio colectivo estatal», «Aplicación de efectos retroactivos del acuerdo alcanzado», etc.

Escrito a la comisión paritaria para la inaplicación de condiciones de trabajo

La comisión paritaria es el órgano designado para resolver cualquier discrepancia que surja en relación a la inaplicación de las condiciones establecidas en el artículo 82.3 del Estatuto de los Trabajadores. En caso de desacuerdo entre las partes, éstas pueden recurrir a los procedimientos establecidos en los acuerdos interprofesionales, incluyendo el compromiso previo de someterlas a un arbitraje vinculante. Si el periodo de consultas finaliza sin acuerdo, se puede recurrir a la Comisión Consultiva Nacional de Convenios Colectivos para solucionar la discrepancia.

A la Comisión Paritaria Provincial/Estatal

Inaplicación de condiciones de trabajo

Acta de desacuerdo

Datos de la Empresa (1)

- Nombre o razón social [NOMBRE EMPRESA]
- CIF [ESPECIFICAR]
- Domicilio social [ESPECIFICAR]
- Localidad [ESPECIFICAR]
- Código Postal [ESPECIFICAR]
- Convenio/s colectivo/s aplicable/s [CONVENIO COLECTIVO APLICABLE]

La empresa [NOMBRE EMPRESA] y su representación de los trabajadores, comunican que han finalizado sin acuerdo la inaplicación planteada de acuerdo al artículo [NÚMERO] del convenio colectivo [CONVENIO COLECTIVO APLICABLE].

Se remite a la comisión paritaria la presente Acta junto con la solicitud de inaplicación que formula la empresa y la documentación correspondiente. Se envían asimismo, en su caso, las alegaciones que efectúa la representación de los trabajadores junto con la documentación aportada.

Ambas partes, empresa y representación de los trabajadores, se dirigen a la comisión paritaria para que esta resuelva la inaplicación planteada, solicitando ambas partes, para el caso de que la comisión no alcance acuerdo, someterse al arbitraje vinculante del correspondiente [ORGANISMO]. (2)

En [PROVINCIA], a [DÍA] de [MES] de [AÑO].

[FIRMAS]

---

(1) En caso de desacuerdo durante el periodo de consultas cualquiera de las partes podrá someter la discrepancia a la comisión del convenio, que dispondrá de un plazo máximo de siete días para pronunciarse, a contar desde que la discrepancia le fuera planteada.

(2) Cuando no se hubiera solicitado la intervención de la comisión o esta no hubiera alcanzado un acuerdo, las partes deberán recurrir a los procedimientos que se hayan establecido en los acuerdos interprofesionales de ámbito estatal o autonómico, previstos en el artículo 83 del ET, para solventar de manera efectiva las discrepancias surgidas en la negociación de los acuerdos a que se refiere este apartado, incluido el compromiso previo de someter las dis-

crepancias a un arbitraje vinculante, en cuyo caso el laudo arbitral tendrá la misma eficacia que los acuerdos en periodo de consultas y solo será recurrible conforme al procedimiento y en base a los motivos establecidos en el artículo 91 del ET. Cuando el periodo de consultas finalice sin acuerdo y no fueran aplicables los procedimientos a los que se refiere el párrafo anterior o estos no hubieran solucionado la discrepancia, cualquiera de las partes podrá someter la solución de la misma a la Comisión Consultiva Nacional de Convenios Colectivos.

Solicitud a la CCNCC de resolución de discrepancia en inaplicación de convenio colectivo

La solicitud de la resolución de la discrepancia entre la empresa y los representantes de los trabajadores por falta de acuerdo en los procedimientos de inaplicación de las condiciones de trabajo previstas en el convenio colectivo es posible para las empresas y los representantes legales de los trabajadores. Esta resolución puede realizarse de forma presencial o electrónica ante la CCNCC u organismo autonómico, requiriendo además de los documentos previos, una acreditación de haberse desarrollado el período de consultas, la identificación del convenio colectivo vigente, la información relativa a la concurrencia de las causas económicas, y la relación pormenorizada de las condiciones de trabajo que se quieren aplicar.

El presente modelo oficial permite solicitar ante la Comisión Consultiva Nacional de Convenios Colectivos que resuelva la discrepancia surgida entre las partes según lo dispuesto en el Real Decreto 1362/2012, de 27 de septiembre.

MINISTERIO
DE TRABAJO Y
ECONOMÍA SOCIAL

COMISIÓN CONSULTIVA
NACIONAL DE CONVENIOS
COLECTIVOS

COMISIÓN CONSULTIVA NACIONAL DE CONVENIOS COLECTIVOS
SOLICITUD DE RESOLUCIÓN DE DISCREPANCIA EN INAPLICACIÓN DE CONVENIO COLECTIVO

DATOS DEL SOLICITANTE	
Nombre y apellidos:	NIF:
Dirección:	Provincia:
Localidad:	Código Postal:
Teléfono	Correo electrónico
En calidad de	

NOTIFICACIÓN ELECTRÓNICA	
Las notificaciones, para los obligados a relacionarse exclusivamente por vía electrónica, irán dirigidas a :	
Nombre y apellidos:	
DNI/NIE:	Correo electrónico:
La persona indicada debe disponer de un certificado electrónico admitido por la sede electrónica del Ministerio de Trabajo y Economía Social. En caso de no disponer de dicho certificado, puede ampliar información en el enlace https://sede.mites.gob.es/es/sede_electronica/contenidos/informacion.htm	
Si está en posesión de un certificado electrónico válido puede llevar a cabo los trámites necesarios para solventar las discrepancias en la aplicación del convenio colectivo a través del siguiente enlace: https://expinterweb.mitramiss.gob.es/ley11/inicio/showTramites.action?procedimientoSel=39&proc=2	

DATOS DE LA EMPRESA	
Nombre/Razón Social:	NIF:
Dirección:	Provincia:
Localidad:	Código Postal:
Teléfono:	Correo electrónico a efectos de notificaciones:
ACTIVIDAD	
CÓDIGO CNAE	

MINISTERIO
DE TRABAJO Y
ECONOMÍA SOCIAL

COMISIÓN CONSULTIVA
NACIONAL DE CONVENIOS
COLECTIVOS

RELACIÓN DE CENTROS DE TRABAJO Y TRABAJADORES AFECTADOS	
CENTRO DE TRABAJO AFECTADO Nº1	
Dirección:	
C.P.:	Población:
Provincia:	Com. Autónoma:
Nº Y CLASIFICACIÓN PROFESIONAL DE TRABAJADORES AFECTADOS	
Clasificación Profesional	Nº Trabajadores
1.	
2.	
3.	
4.	
5.	
Si hay más de cinco clasificaciones profesionales deberá aportarse la información como Anexo	

CENTRO DE TRABAJO AFECTADO Nº2	
Dirección:	
C.P.:	Población:
Provincia:	Com. Autónoma:
Nº Y CLASIFICACIÓN PROFESIONAL DE TRABAJADORES AFECTADOS	
Clasificación Profesional	Nº Trabajadores
1.	
2.	
3.	
4.	
5.	
Si hay más de cinco clasificaciones profesionales deberá aportarse la información como Anexo	

CENTRO DE TRABAJO AFECTADO Nº3	
Dirección:	
C.P.:	Población:
Provincia:	Com. Autónoma:
Nº Y CLASIFICACIÓN PROFESIONAL DE TRABAJADORES AFECTADOS	
Clasificación Profesional	Nº Trabajadores
1.	
2.	
3.	
4.	
5.	
Si hay más de cinco clasificaciones profesionales deberá aportarse la información como Anexo	

MINISTERIO
DE TRABAJO Y
ECONOMÍA SOCIAL

COMISIÓN CONSULTIVA
NACIONAL DE CONVENIOS
COLECTIVOS

CENTRO DE TRABAJO AFECTADO Nº4	
Dirección:	
C.P.:	Población:
Provincia:	Com. Autónoma:
Nº Y CLASIFICACIÓN PROFESIONAL DE TRABAJADORES AFECTADOS	
Clasificación Profesional	Nº Trabajadores
1.	
2.	
3.	
4.	
5.	
Si hay más de cinco clasificaciones profesionales deberá aportarse la información como Anexo	

CENTRO DE TRABAJO AFECTADO Nº5	
Dirección:	
C.P.:	Población:
Provincia:	Com. Autónoma:
Nº Y CLASIFICACIÓN PROFESIONAL DE TRABAJADORES AFECTADOS	
Clasificación Profesional	Nº Trabajadores
1.	
2.	
3.	
4.	
5.	
Si hay más de cinco clasificaciones profesionales deberá aportarse la información como Anexo	

CENTRO DE TRABAJO AFECTADO Nº6	
Dirección:	
C.P.:	Población:
Provincia:	Com. Autónoma:
Nº Y CLASIFICACIÓN PROFESIONAL DE TRABAJADORES AFECTADOS	
Clasificación Profesional	Nº Trabajadores
1.	
2.	
3.	
4.	
5.	
Si hay más de cinco clasificaciones profesionales deberá aportarse la información como Anexo	

Si hay más de seis centros de trabajo, deberá aportarse la información (en este mismo formato) como Anexo.

MINISTERIO
DE TRABAJO Y
ECONOMÍA SOCIAL

COMISIÓN CONSULTIVA
NACIONAL DE CONVENIOS
COLECTIVOS

RESUMEN CENTROS Y TRABAJADORES AFECTADOS			
CC.AA	PROVINCIA	Nº CENTROS	Nº TRABAJADORES
	TOTALES		

Si hay más de 30 provincias afectadas, aporte la información (en este mismo formato) como Anexo.

MINISTERIO
DE TRABAJO Y
ECONOMÍA SOCIAL

COMISIÓN CONSULTIVA
NACIONAL DE CONVENIOS
COLECTIVOS

DATOS DE LA REPRESENTACIÓN DE LOS TRABAJADORES AFECTADOS	
Representante del Centro de trabajo afectado nº1	☐ Representación Unitaria ☐ Representación Ac Hoc (art. 41.4 E.T.)
Nombre y apellidos:	NIF:
Dirección:	Provincia:
C.P.:	Población:
Teléfono:	Correo electrónico:

Representante del Centro de trabajo afectado nº2	☐ Representación Unitaria ☐ Representación Ac Hoc (art. 41.4 E.T.)
Nombre y apellidos:	NIF:
Dirección:	Provincia:
C.P.:	Población:
Teléfono:	Correo electrónico:

Representante del Centro de trabajo afectado nº3	☐ Representación Unitaria ☐ Representación Ac Hoc (art. 41.4 E.T.)
Nombre y apellidos:	NIF:
Dirección:	Provincia:
C.P.:	Población:
Teléfono:	Correo electrónico:

Representante del Centro de trabajo afectado nº4	☐ Representación Unitaria ☐ Representación Ac Hoc (art. 41.4 E.T.)
Nombre y apellidos:	NIF:
Dirección:	Provincia:
C.P.:	Población:
Teléfono:	Correo electrónico:

Representante del Centro de trabajo afectado nº5	☐ Representación Unitaria ☐ Representación Ac Hoc (art. 41.4 E.T.)
Nombre y apellidos:	NIF:
Dirección:	Provincia:
C.P.:	Población:
Teléfono:	Correo electrónico:

Representante del Centro de trabajo afectado nº6	☐ Representación Unitaria ☐ Representación Ac Hoc (art. 41.4 E.T.)
Nombre y apellidos:	NIF:
Dirección:	Provincia:
C.P.:	Población:
Teléfono:	Correo electrónico:

Si hay más de seis centros de trabajo, deberá aportarse la información (en este mismo formato) como Anexo.

MINISTERIO
DE TRABAJO Y
ECONOMÍA SOCIAL

COMISIÓN CONSULTIVA
NACIONAL DE CONVENIOS
COLECTIVOS

DATOS DEL CONVENIO COLECTIVO CUYAS CONDICIONES PRETENDAN INAPLICAR Y CONDICIONES NUEVAS

Denominación

Código:	Boletín de publicación:
Fecha de entrada en vigor:	Fecha fin de vigencia:

CONDICIONES QUE SE PRETENDEN INAPLICAR SEÑALANDO ARTÍCULOS DEL CONVENIO

1.-

2.-

3.-

Recuerde que debe aportar relaciones pormenorizadas de las condiciones de trabajo del convenio colectivo que se pretenden inaplicar y su incardinación entre las materias previstas en las letras a), b), c), d), e), f), g) del párrafo segundo del artículo 82.3 del Estatuto de Trabajadores, detallando las nuevas condiciones del trabajo que se quieren aplicar y el período durante el cual se pretenden establecer. A estos efectos, podrá presentar el anexo que precise.

CAUSAS	☐ Económicas	☐ Técnicas	☐ Organizativas	☐ Productivas

Recuerde que debe aportar documentación relativa a la concurrencia de las causas alegadas.

SOMETIMIENTO DE LA DISCREPANCIA A LA COMISIÓN PARITARIA DEL CONVENIO COLECTIVO

¿Se ha sometido la discrepancia a la comisión paritaria del convenio?
    ☐ NO
    ☐ SÍ (en tal caso, debe acreditarlo)

Si ha respondido afirmativamente la anterior pregunta, ¿ha dado respuesta la comisión paritaria del convenio?
    ☐ NO
    ☐ SÍ (en tal caso, debe aportar el pronunciamiento emitido)

SOMETIMIENTO DE LA DISCREPANCIA A ACUERDO DE SOLUCION EXTRAJUDICIAL O AUTONOMA

¿Resulta aplicable el Acuerdo Interprofesional de ámbito estatal (V ASAC), o autonómico en su caso, para la solución efectiva de las discrepancias a que se refiere el artículo 83.2 del Estatuto de los Trabajadores?.
    ☐ NO
    ☐ SÍ (en tal caso, debe acreditar que se ha sometido la discrepancia al procedimiento y aportar el resultado del mismo)

MINISTERIO
DE TRABAJO Y
ECONOMÍA SOCIAL

COMISIÓN CONSULTIVA
NACIONAL DE CONVENIOS
COLECTIVOS

RESOLUCIÓN:

La discrepancia se resolverá siguiendo el procedimiento que acuerde la Comisión Permanente por mayoría absoluta de sus miembros, salvo que las partes de mutuo acuerdo elijan una de las tres opciones siguientes:

☐ Ambas partes solicitamos que el conflicto se resuelva en el seno de la Comisión

☐ Ambas partes solicitamos que el conflicto se resuelva por el árbitro que corresponda, de

acuerdo al sistema previsto en el art. 23.1 del R.D. 1362/2012.

☐ Ambas partes solicitamos que el conflicto se resuelva por el siguiente árbitro elegido de

mutuo acuerdo:

Nombre y apellidos:	NIF:
Dirección:	Provincia:
Localidad:	Código Postal:
Teléfono:	Correo electrónico a efectos de notificaciones:

En representación de la empresa	En representación de los trabajadores

En base a todo lo expuesto **SOLICITO** a la Comisión Consultiva Nacional de Convenios Colectivos que resuelva la discrepancia surgida ente las partes según los dispuesto en el Real Decreto 1362/2012, de 27 de septiembre.

En   , a   de   de

Firma del solicitante

MINISTERIO
DE TRABAJO Y
ECONOMÍA SOCIAL

COMISIÓN CONSULTIVA
NACIONAL DE CONVENIOS
COLECTIVOS

DOCUMENTACIÓN OBLIGATORIA QUE ADJUNTA A LA SOLICITUD

- Documento que acredite la representación.

- Acreditación de haber entregado a la otra parte de la discrepancia copia de la solicitud presentada ante esta Comisión.

- Acreditación de haberse desarrollado el período de consultas, actas de las reuniones celebradas y posición de la otra parte que da lugar a la discrepancia.

- En el supuesto de haber sometido la discrepancia a la comisión paritaria del convenio colectivo, acreditación de ello y, en su caso, pronunciamiento de la misma.

- Declaración de no ser aplicable a la parte que insta el procedimiento el Acuerdo Interprofesional de ámbito estatal, o autonómico en su caso, para la solución efectiva de las discrepancias a que se refiere el artículo 83.2 del Estatuto de los Trabajadores. En el caso de sí ser aplicable dicho procedimiento, resultado del mismo.

- Documentación relativa a la concurrencia de las causas económicas, técnicas, organizativas o de producción. A tales efectos se tomará como referencia la documentación que sea preceptiva en la comunicación de los despidos colectivos, salvo que las causas económicas alegadas consistan en una disminución persistente del nivel de ingresos o ventas, en cuyo caso bastará con presentar la documentación que acredite que se ha producido dicha disminución durante los últimos dos trimestres consecutivos.

- Relaciones pormenorizadas de las condiciones de trabajo del convenio colectivo que se pretenden inaplicar y su incardinación entre las materias previstas en las letras a), b), c), d), e), f), g) del párrafo segundo del artículo 82.3 del Estatuto de Trabajadores, detallando las nuevas condiciones del trabajo que se quieren aplicar y el período durante el cual se pretenden establecer. Tales relaciones deben ser coincidentes con las aportadas en el proceso de consulta realizado con carácter previo en el seno de la empresa.

- Información sobre la composición de la representación de los trabajadores, así como de la comisión negociadora, especificando si son representación unitaria o representación elegida conforme al artículo 41.4 del Estatuto de los Trabajadores.